WHITE BELT KAKURO™

Conceptis Puzzles

CONTENTS

Introduction
3

Puzzles
7

Answers
154

4 6 8 10 9 7 5 3

Martial Arts Kakuro and White Belt Kakuro
are trademarks of Sterling Publishing Co., Inc.

Published by Sterling Publishing Co., Inc.
387 Park Avenue South, New York, NY 10016

Distributed in Canada by Sterling Publishing
c/o Canadian Manda Group, 165 Dufferin Street
Toronto, Ontario, Canada M6K 3H6
Distributed in the United Kingdom by GMC Distribution Services
Castle Place, 166 High Street, Lewes, East Sussex, England BN7 1XU
Distributed in Australia by Capricorn Link (Australia) Pty. Ltd.
P.O. Box 704, Windsor, NSW 2756, Australia

Manufactured in the United States of America

Sterling ISBN-13: 978-1-4027-3933-0
ISBN-10: 1-4027-3933-8

For information about custom editions, special sales, premium and
corporate purchases, please contact Sterling Special Sales
Department at 800-805-5489 or specialsales@sterlingpub.com.

INTRODUCTION

Kakuro puzzles are half sudoku, half crossword, and use a combination of logic and basic arithmetic. The rules are very simple:

> **Fill all the empty squares using the numbers 1 to 9 so that the sum of each horizontal set of digits equals the number in the black triangle to its left, and the sum of each vertical set of digits equals the number in the black triangle above it. No number may be used in the same sum more than once. (A number can be repeated in the same row or column if the numbers are separated by a black square.)**

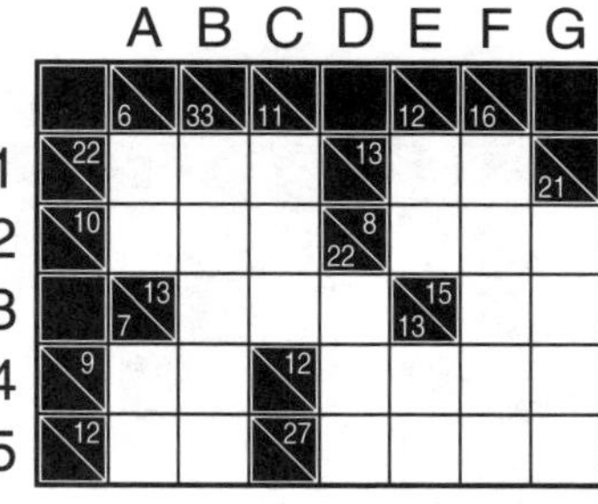

Let's try solving a sample kakuro puzzle to see how it works.

	A	B	C	D	E	F	G
	■ 6↓	■ 33↓	■ 11↓	■	■ 12↓	■ 16↓	■
1	■ 22→	5			■ 13→		■ 21↓
2	■ 10→	1			■ 8→ 22↓		
3	■	■ 13→ 7↓				■ 15→ 13↓	
4	■ 9→			■ 12→			
5	■ 12→			■ 27→			

Step 1
Look at the sum of 22 in row 1. There are only two ways that three digits can total 22 without repeating a digit: 5 + 8 + 9 and 6 + 7 + 9. However, square A1 must be smaller than 6 because of the sum that adds up to 6 in column A. Therefore the only number possible in A1 is 5 (and 1 can be placed in A2 to complete that sum).

Step 2
From step 1 we know that B1 and C1 must contain 8 and 9, though we don't yet know in which order. Let's look at the sum that adds up to 11 in column C. If the 9 is in square C1, then C2 and C3 must both contain 1, which is not allowed. This means that C1 must be 8 and B1 must be 9.

Step 3

In column C, we are now left with two empty squares that must add up to 3. The only combination of numbers for that sum is 1 + 2, but, again, we don't know what order they go in. However, square A2 already contains 1, so the number in C2 must be 2. Completing column C and row 2 is now straightforward.

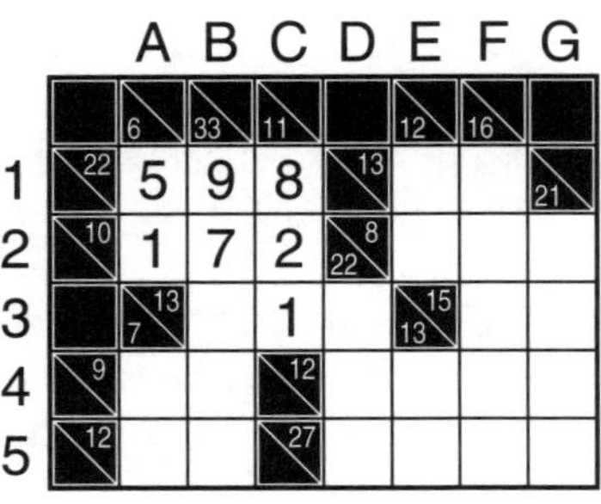

		A	B	C	D	E	F	G
	■	6\	33\	11\	■	12\	16\	■
1	\22	5	9	8	\13			21\
2	\10	1	7	2	22\8			
3	■	7\13		1		13\15	6	9
4	\9			\12				
5	\12			\27				

Step 4

Let's look at the sum of 16 in column F. This is called a "unique sum" because there is only one five-number combination that adds up to 16: 1 + 2 + 3 + 4 + 6. (A list of all unique sums appears on the last page of the book; you can tear out the page for easy reference.) Since the sum is unique, we know all the numbers in it, but we don't know in which order they appear. Now let's examine the sum of 15 in row 3. There are only two combinations possible: 6 + 9 and 7 + 8. Since square F3 is the crossing point, it must contain 6, which is the only common number for both sums. This leads to placing a 9 in G3.

Step 5

For the sum of 13 in row 1, the only possible combinations are 4 + 9, 5 + 8, and 6 + 7. However, this sum crosses the partially filled-in sum in column F, which is still missing 1, 2, 3, and 4. The only common number for F1 is 4. We can now place 9 in E1 and 3 in E2.

		A	B	C	D	E	F	G
	■	6\	33\	11\	■	12\	16\	■
1	\22	5	9	8	\13	9	4	21\
2	\10	1	7	2	22\8	3		
3	■	7\13		1		13\15	6	9
4	\9			\12				
5	\12			\27				

Step 6

The sum of 8 in row 2 still has two empty squares that add up to 5. There are two possible combinations: 1 + 4 and 2 + 3. The 2 + 3 combination is not allowed because this sum already contains 3, and square F2 can't have a 4 in it because the vertical sum in that column already contains 4. This means that F2 must be 1 and G2 must be 4.

		A	B	C	D	E	F	G
	■	6\	33\	11\	■	12\	16\	■
1	\22	5	9	8	\13	9	4	21\
2	\10	1	7	2	22\8	3	1	4
3	■	7\13		1		13\15	6	9
4	\9			12\				
5	\12			\27				

		A	B	C	D	E	F	G
	■	6\	33\	11\	■	12\	16\	■
1	\22	5	9	8	\13	9	4	21\
2	\10	1	7	2	22\8	3	1	4
3	■	7\13		1		13\15	6	9
4	\9			12\			2	
5	\12			\27			3	

Step 7

The sum in column F is now missing only 2 and 3. Let's take a close look at the sum of 27 in row 5. If square F5 contained 2, then the remaining three squares would add up to 25. But this is not possible, because the largest possible sum of three digits is 7 + 8 + 9 = 24. Therefore F5 is 3 and F4 is 2.

Step 8

We can now use a special solving technique in the right-hand side of the puzzle. If we add up the totals of all the sums in columns D, E, F, and G we get 22 + 12 + 13 + 16 + 21 = 84. When we add up the horizontal sums in the same area, excluding square D3, we get 13 + 8 + 15 + 12 + 27 = 75. This means that D3 is responsible for the difference between the vertical and horizontal totals, and therefore that square must be 84 – 75 = 9. A 3 can now be placed in B3 to complete the sum of 13 in that row.

		A	B	C	D	E	F	G
	■	6\	33\	11\	■	12\	16\	■
1	\22	5	9	8	\13	9	4	21\
2	\10	1	7	2	22\8	3	1	4
3	■	7\13	3	1	9	13\15	6	9
4	\9			12\			2	
5	\12			\27			3	

Step 9

Let's go back to the sum of 27 in row 5, which has three empty squares that add up to 24. These three empty squares now form their own unique sum; the only possible combination is 7 + 8 + 9, in some order. However, the 9 can't be in D5 or G5 because both of the vertical sums crossing those squares already contain the digit 9, so the only place left for the 9 is E5. We can now also place 4 in E4 by simple calculation.

		A	B	C	D	E	F	G
	■	↓6	↓33	↓11	■	↓12	↓16	■
1	→22	5	9	8	→13	9	4	↓21
2	→10	1	7	2	↓22 →8	3	1	4
3	■	↓7 →13	3	1	9	↓13 →15	6	9
4	→9			→12		4	2	
5	→12			→27		9	3	

		A	B	C	D	E	F	G
	■	↓6	↓33	↓11	■	↓12	↓16	■
1	→22	5	9	8	→13	9	4	↓21
2	→10	1	7	2	↓22 →8	3	1	4
3	■	↓7 →13	3	1	9	↓13 →15	6	9
4	→9			→12	5	4	2	1
5	→12			→27	8	9	3	7

Step 10

The sum of 12 in row 4 has two empty squares that add up to 6. The possible combinations are 2 + 4 and 1 + 5, but obviously only the 1 + 5 is legal. We now need to determine which square is 1 and which is 5. If we place 1 in D4, then D5 would have to be larger than 9. Therefore D4 must be 5 and G4 must be 1, and we can now complete columns D and G with 8 in D5 and 7 in G5.

Step 11

Finally, let's examine the sum of 33 in column B. There are two empty squares that add up to 14; the only possible combinations are 5 + 9 and 6 + 8. But 9 is already used in column B, so we're left with 6 + 8. If we choose 6 for square B5, then A5 would also have to be 6; therefore 8 is the digit in B5. Completing the remaining squares B4, A4, and A5 is now straightforward.

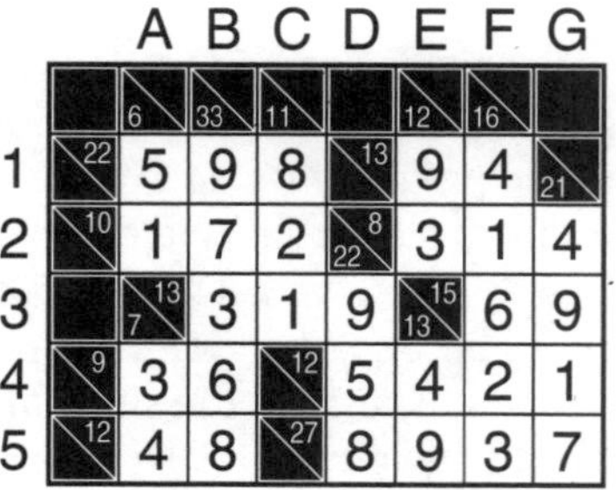

On the following pages are six warmup puzzles, followed by 144 full-size challenges. The puzzles get harder as you proceed through the book.

1

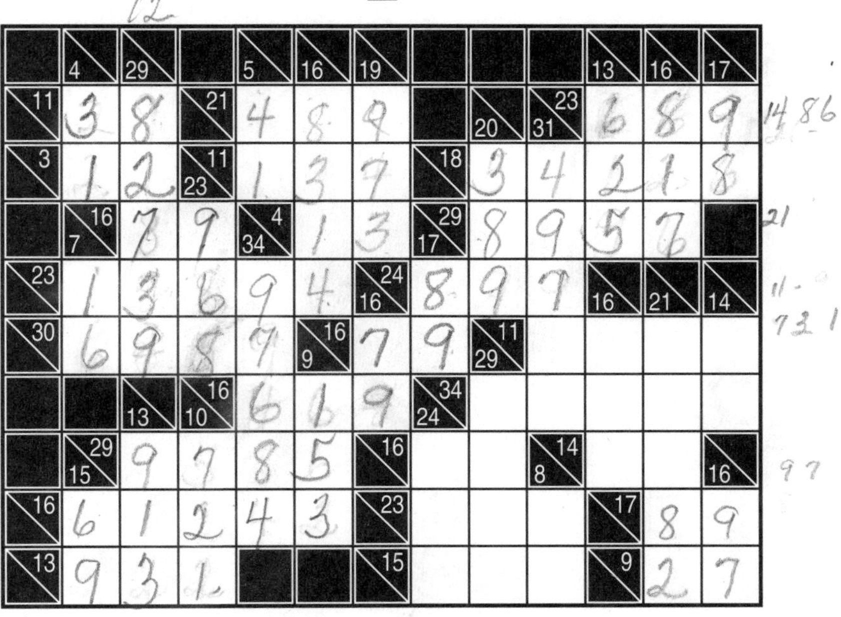

2

3

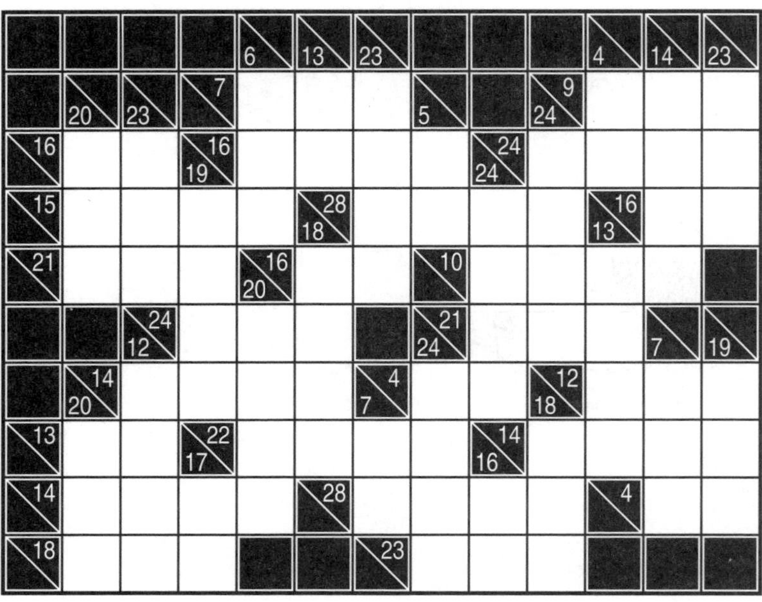

4

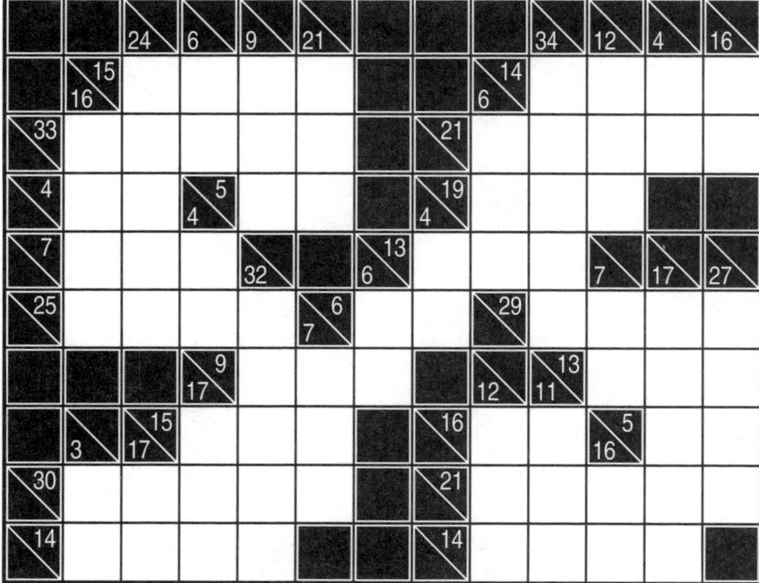

5

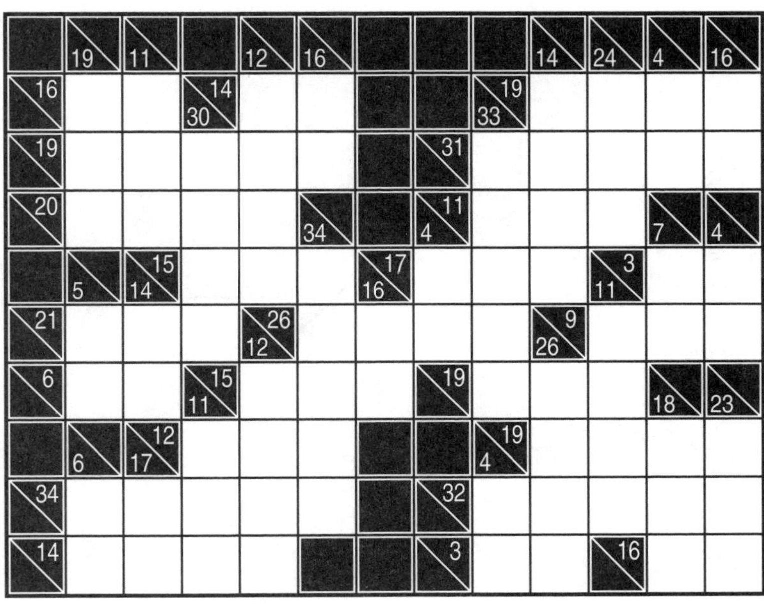

6

7

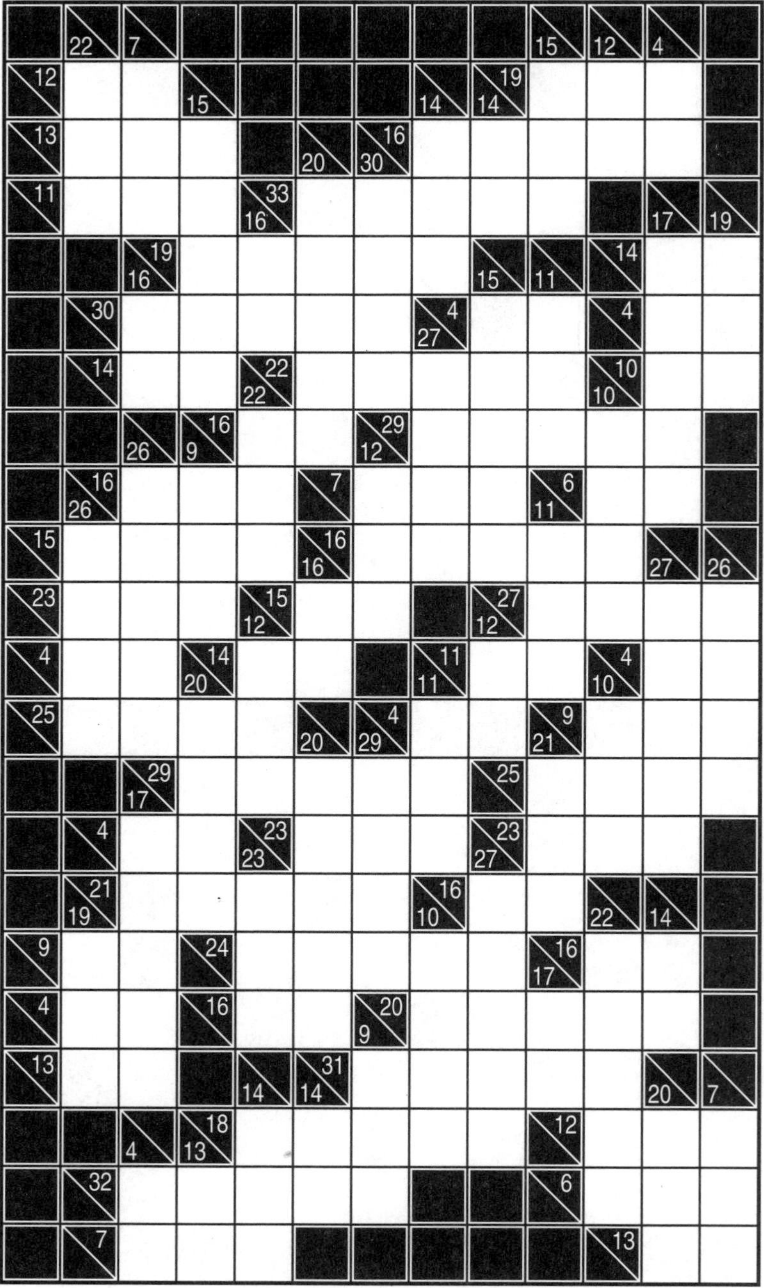

8

9

10

11

12

13

14

15

16

17

18

19

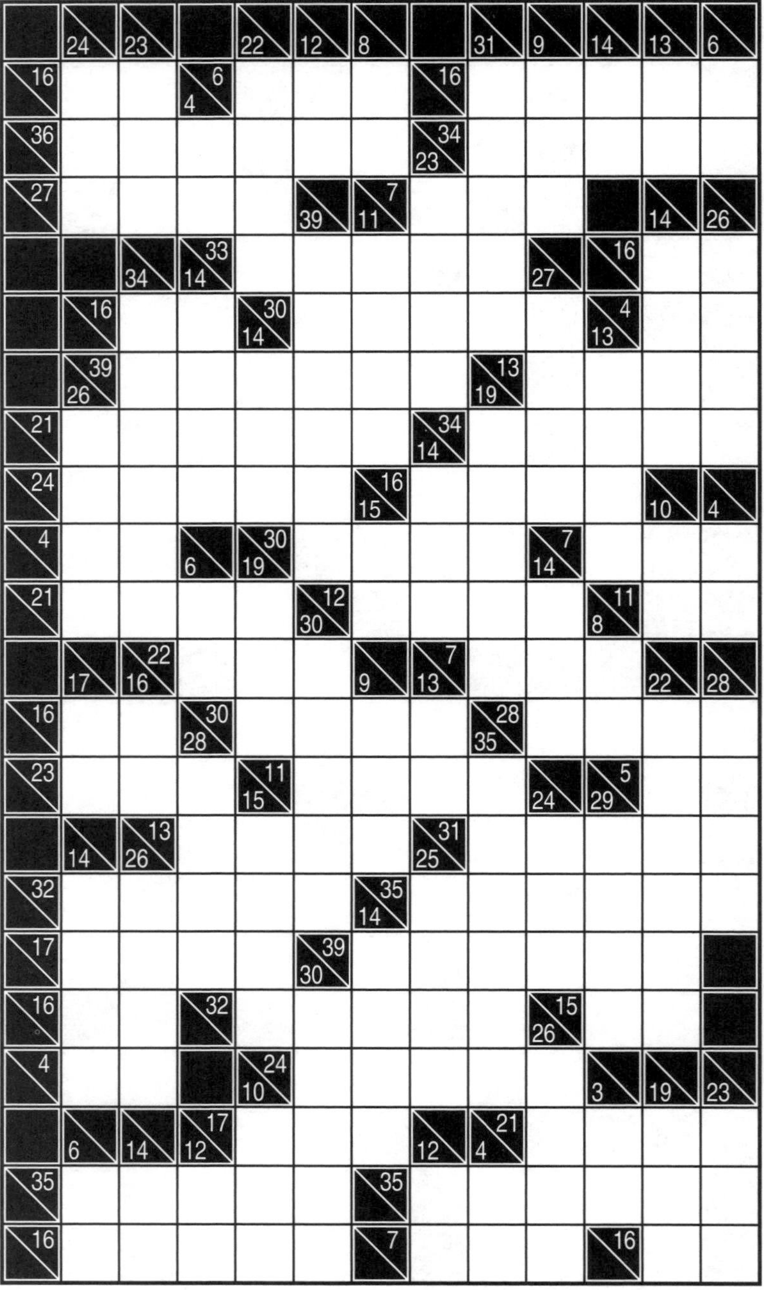

20

21

22

23

24

25

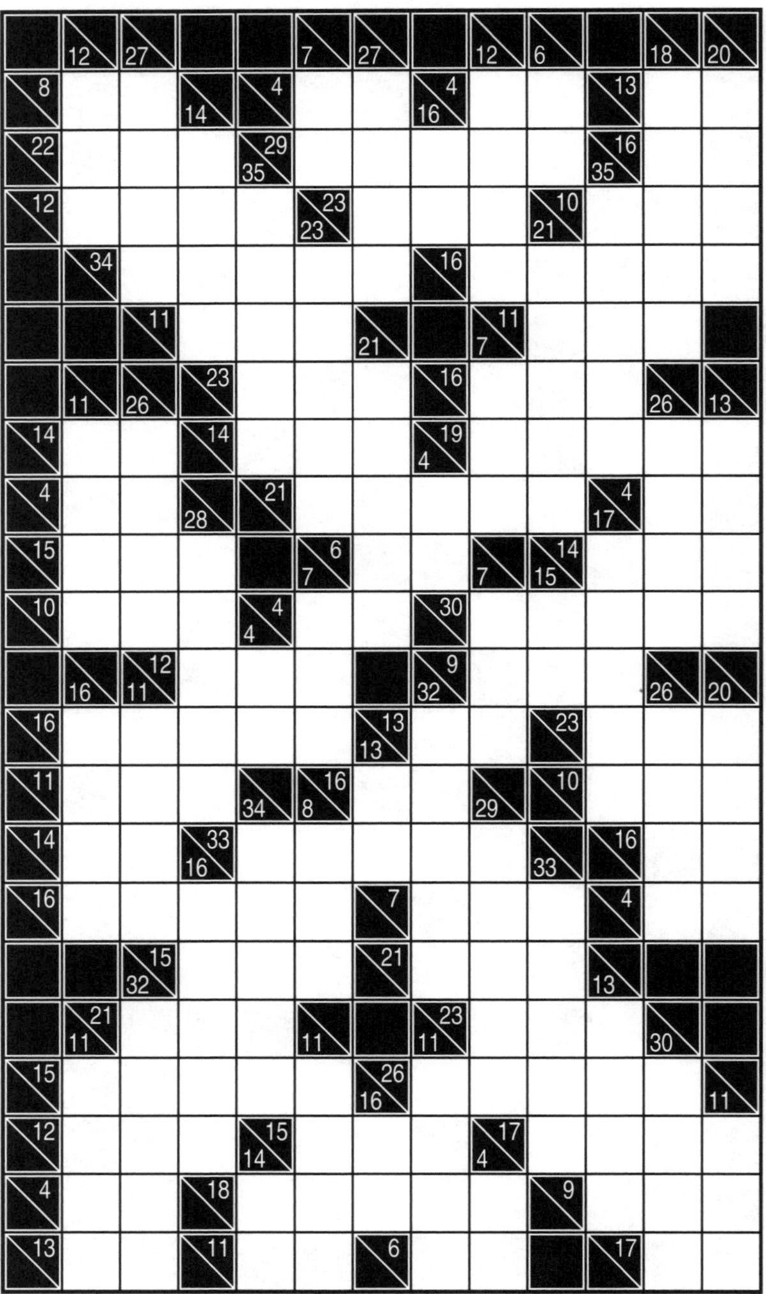

26

27

28

29

30

31

32

33

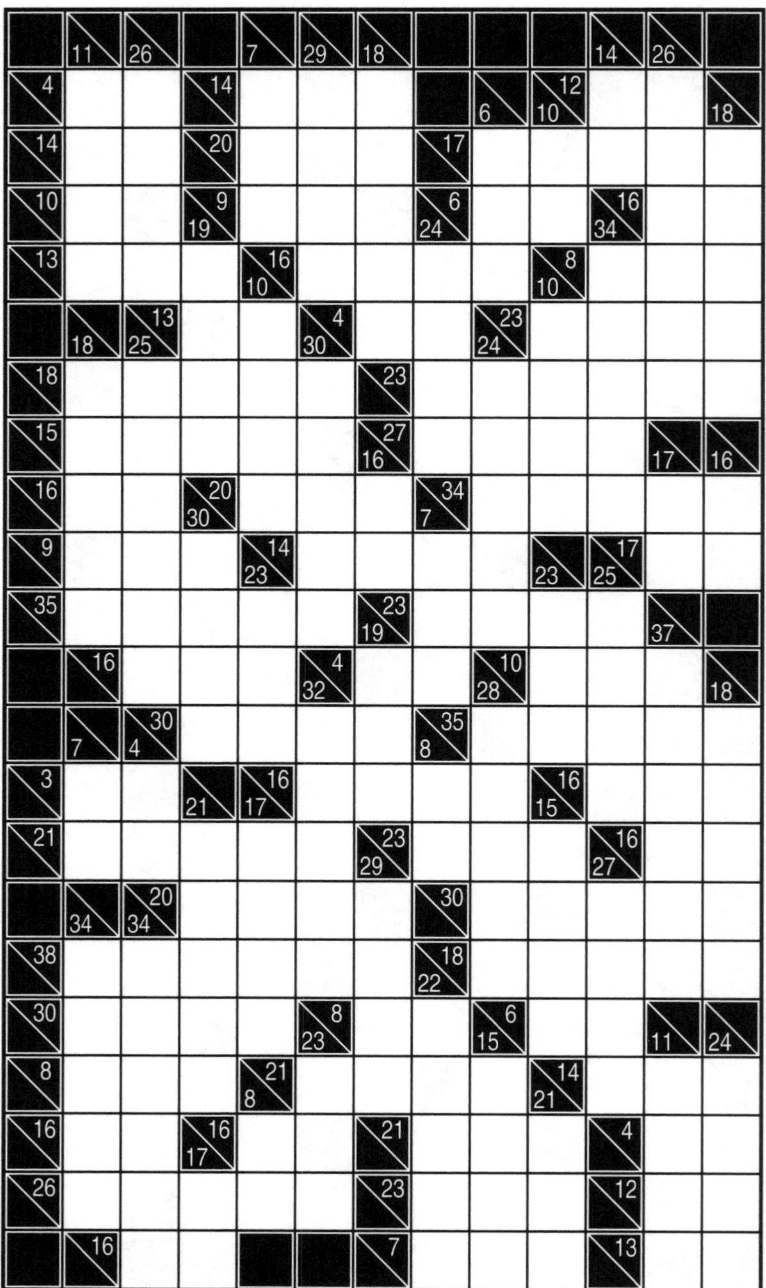

34

35

3 6

37

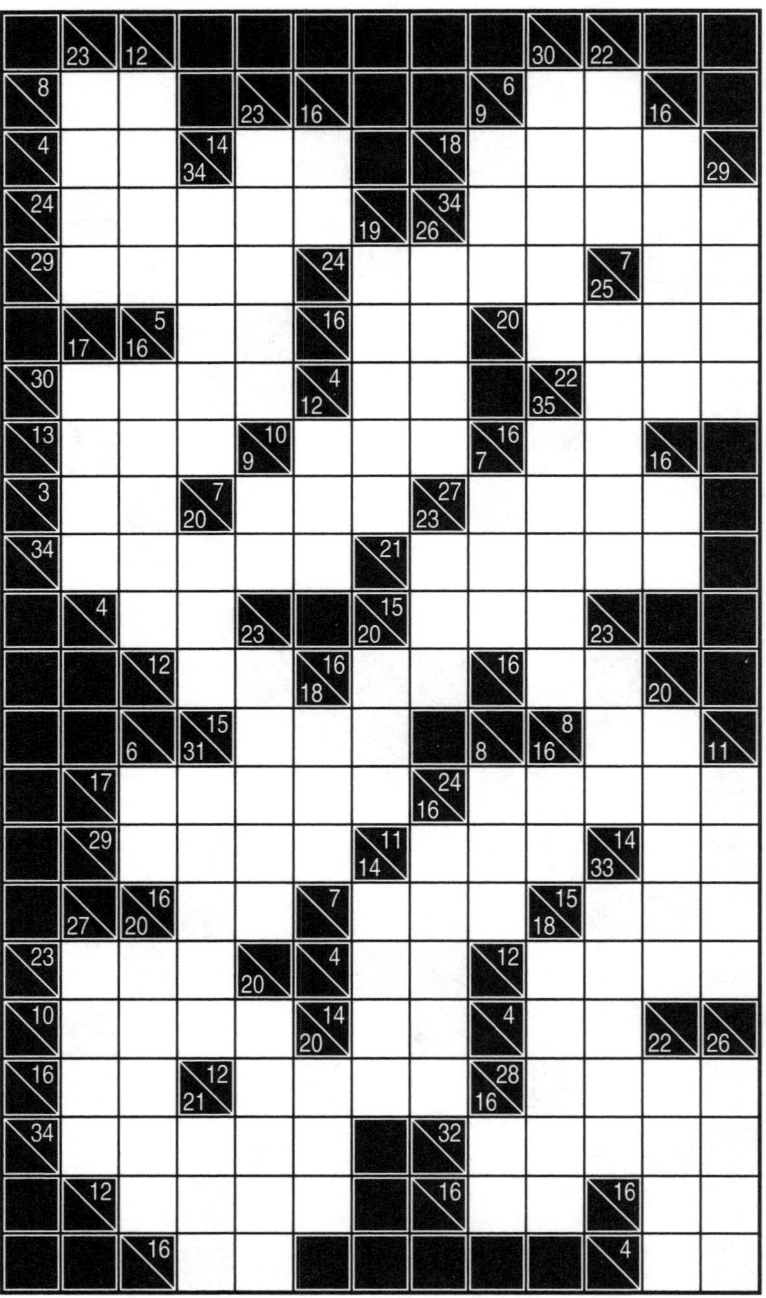

38

39

40

41

42

43

44

45

46

47

4 8

49

50

51

52

53

5 4

55

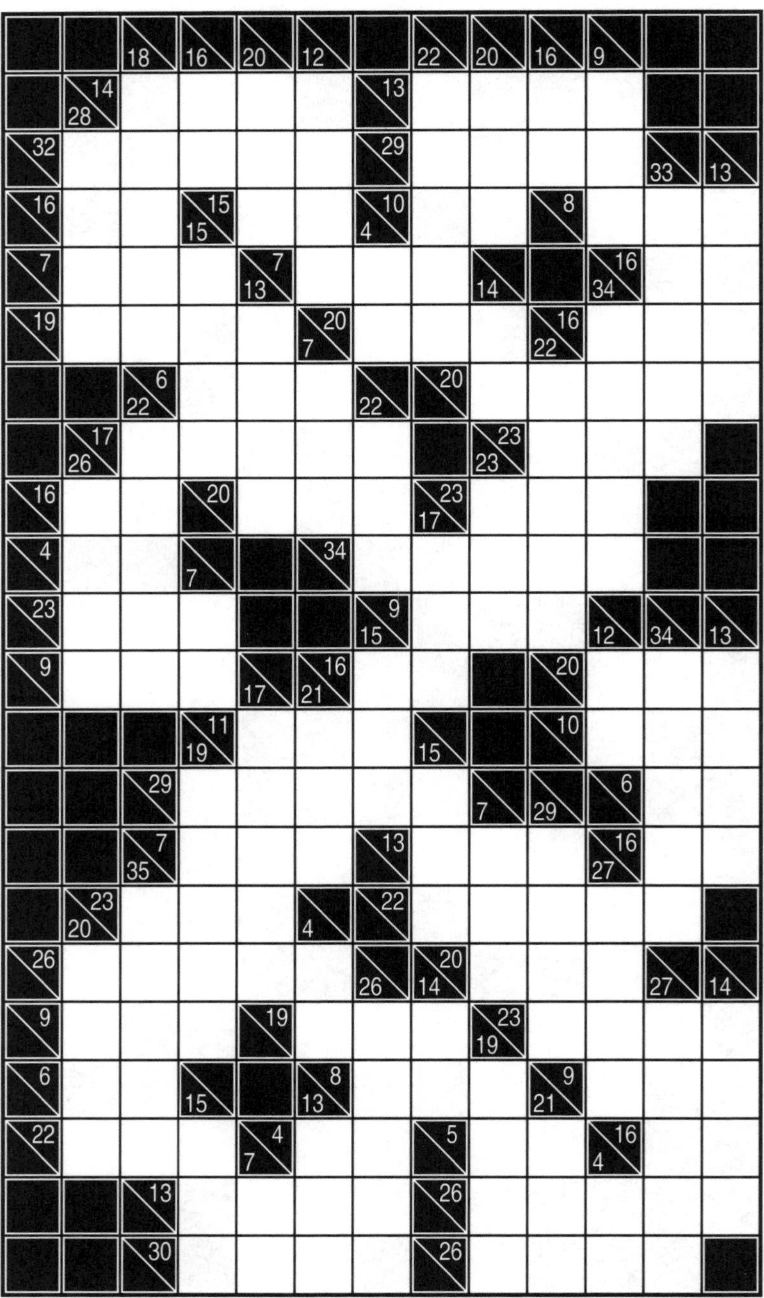

56

57

5 8

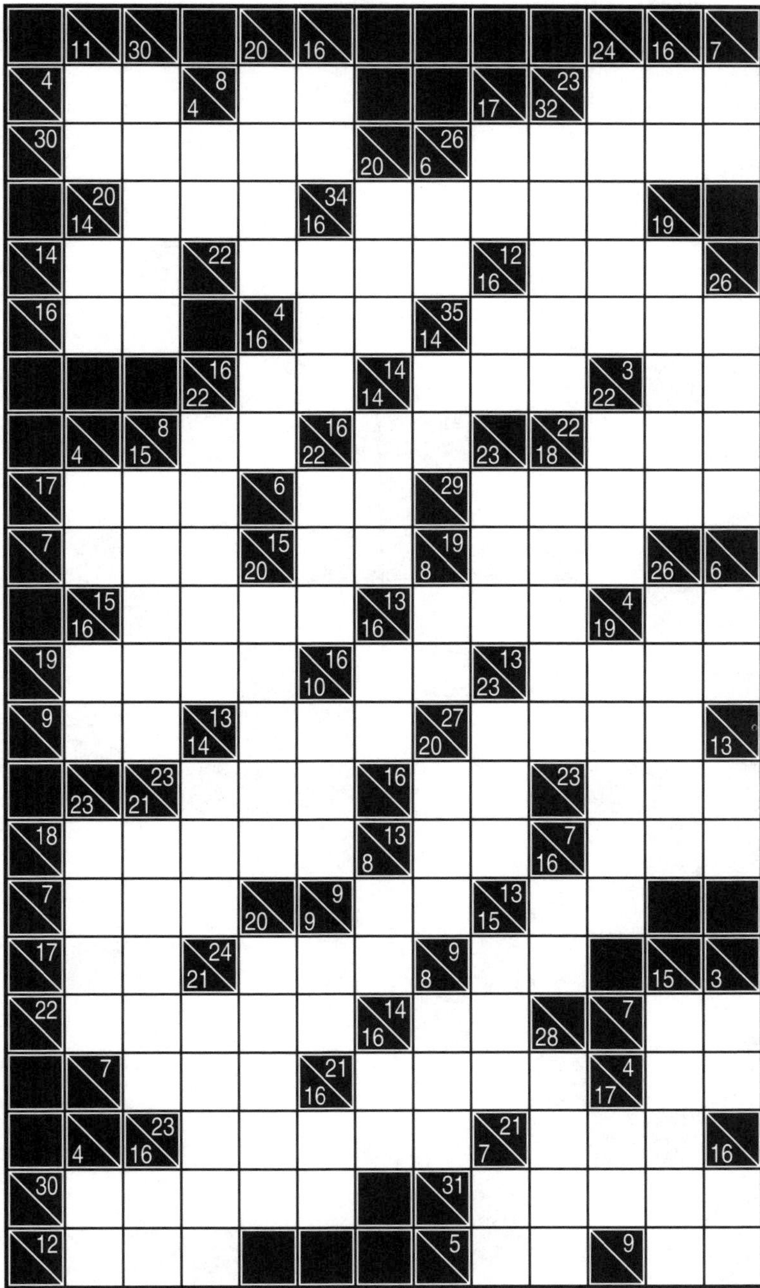

59

60

61

62

6 3

64

65

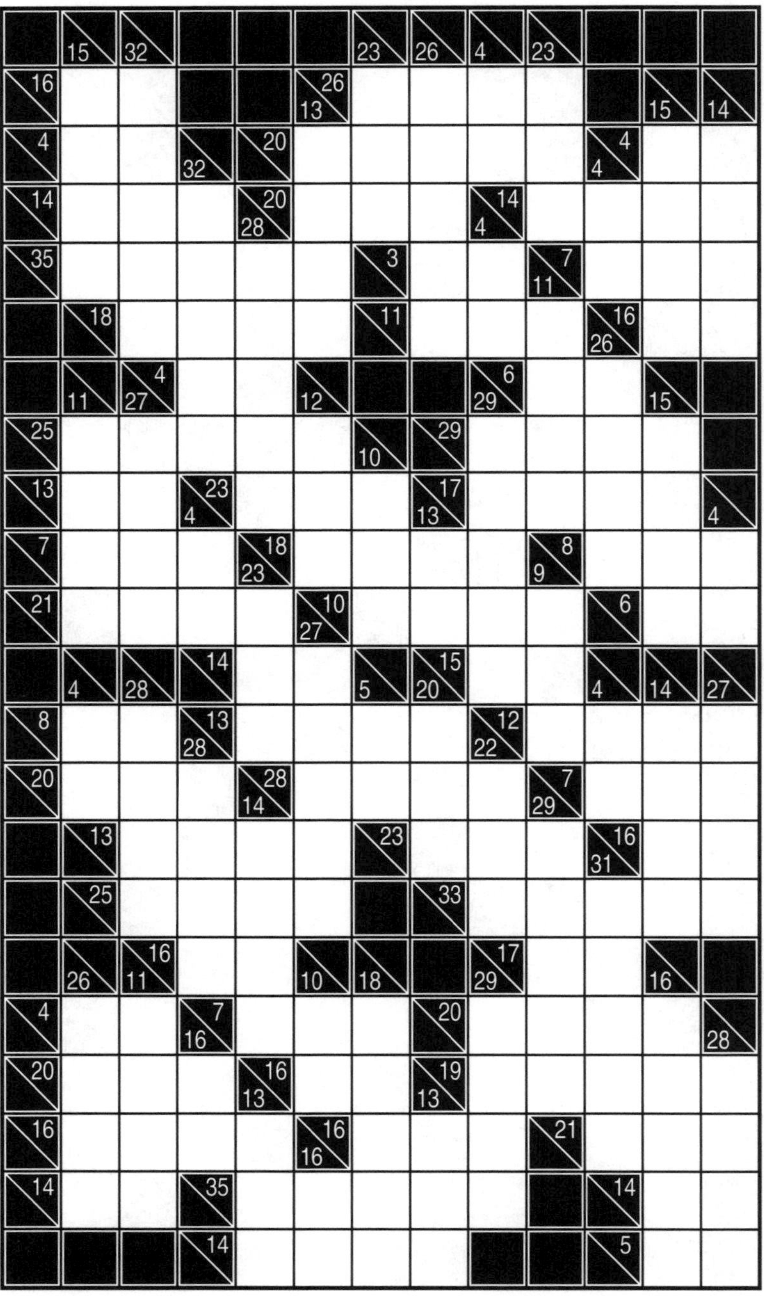

66

67

6 8

69

70

7 1

72

73

74

75

76

77

78

79

80

81

82

83

84

85

86

87

8 8

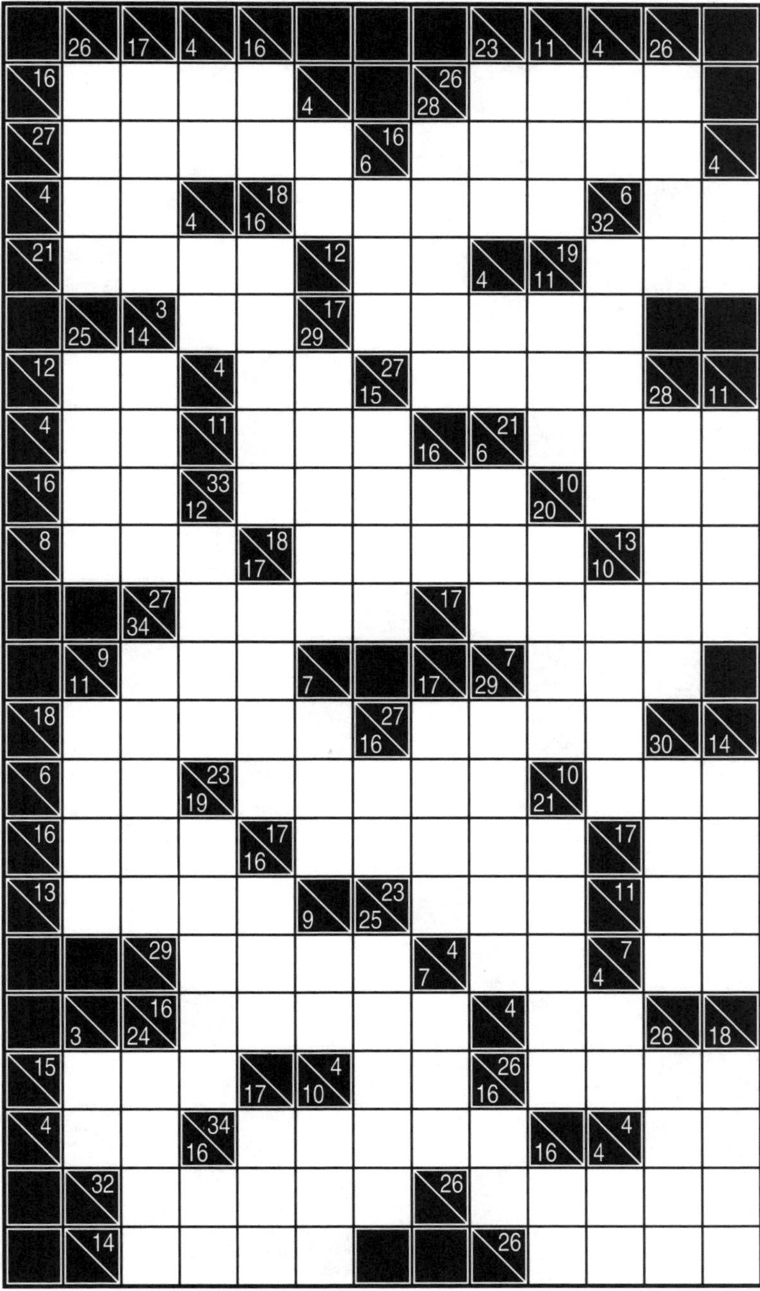

89

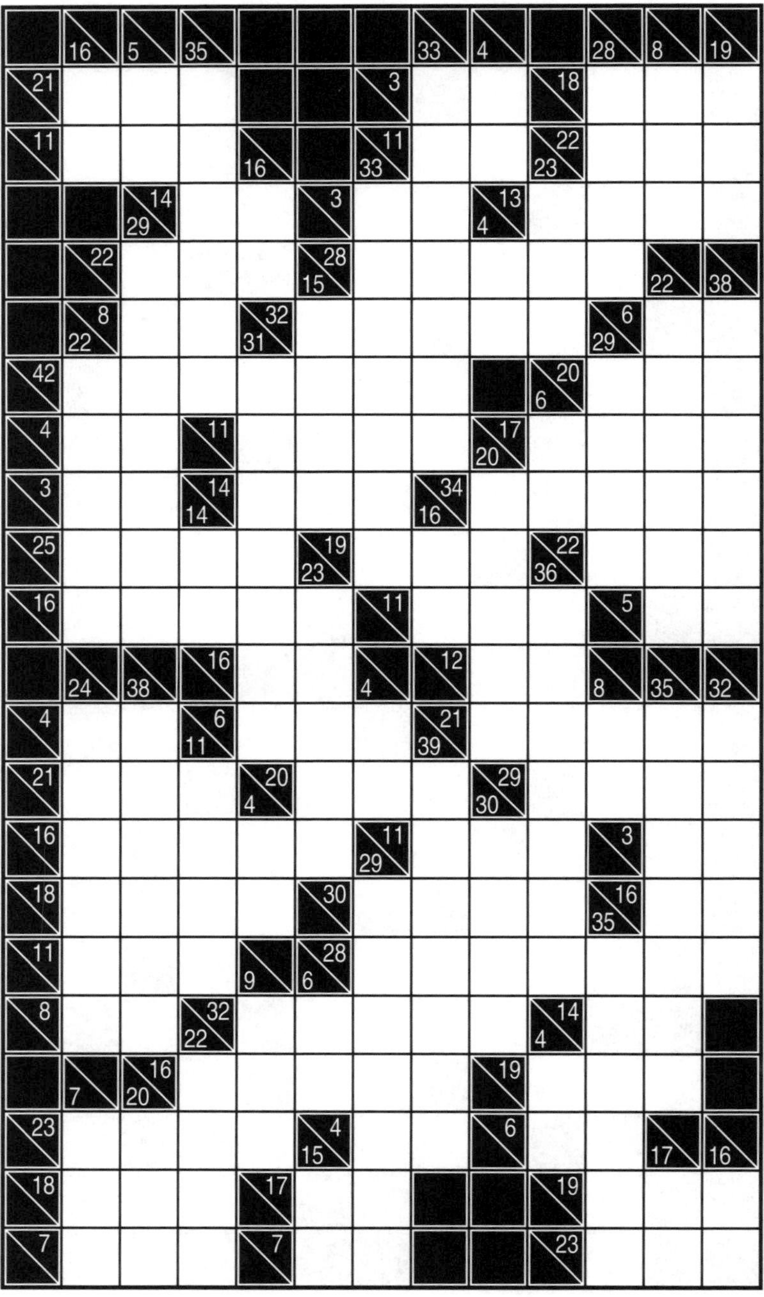

90

91

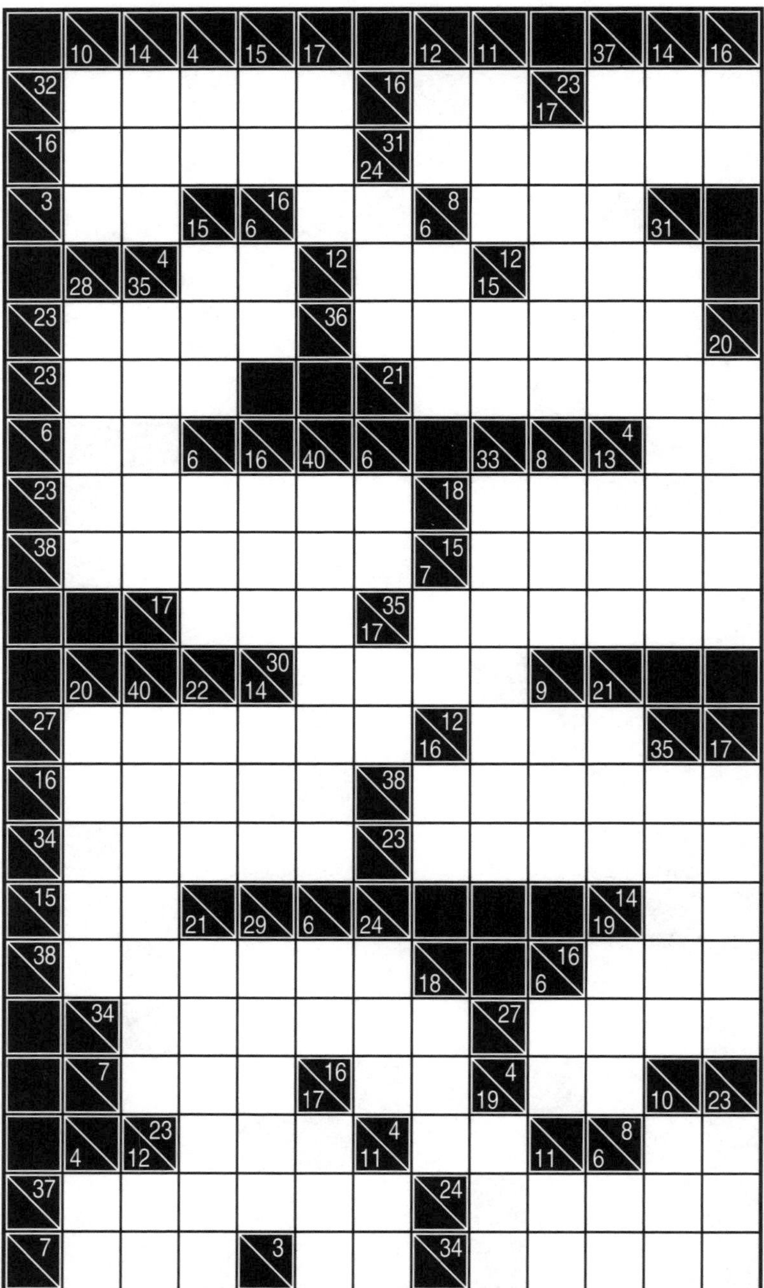

92

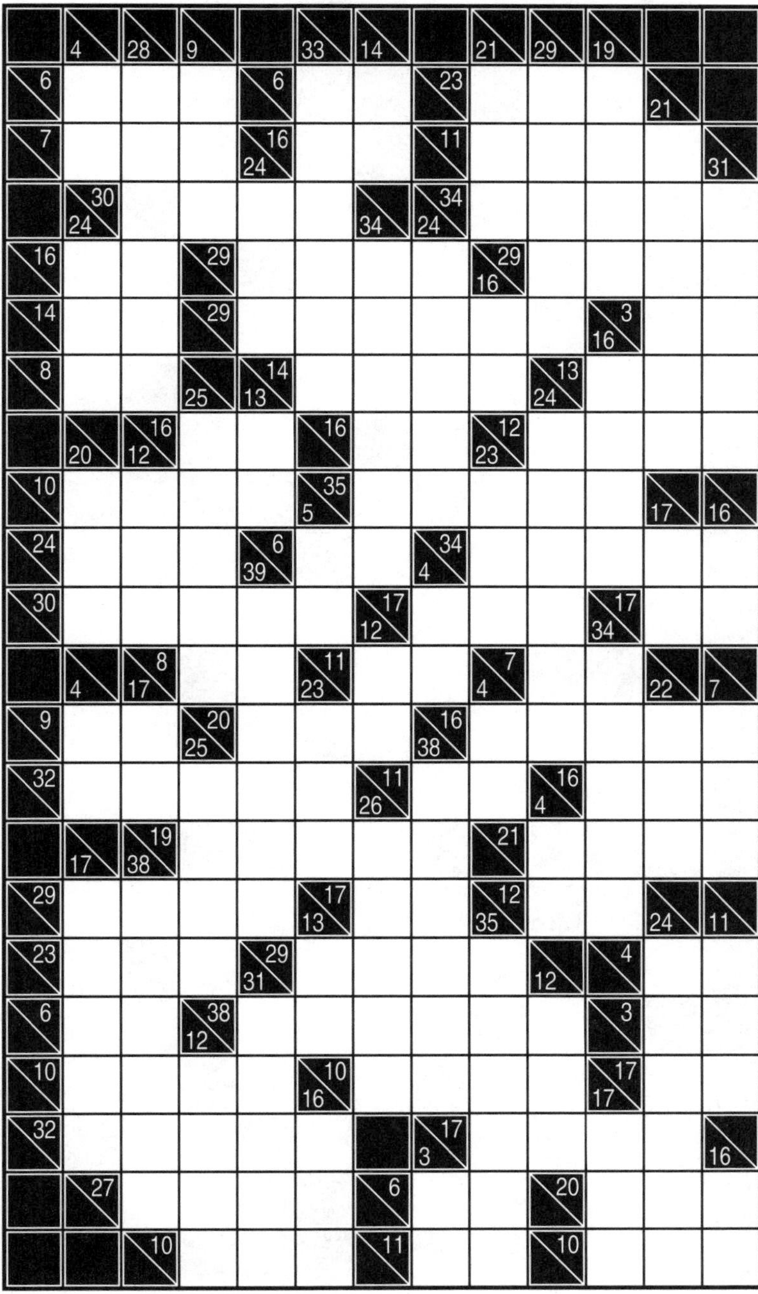

93

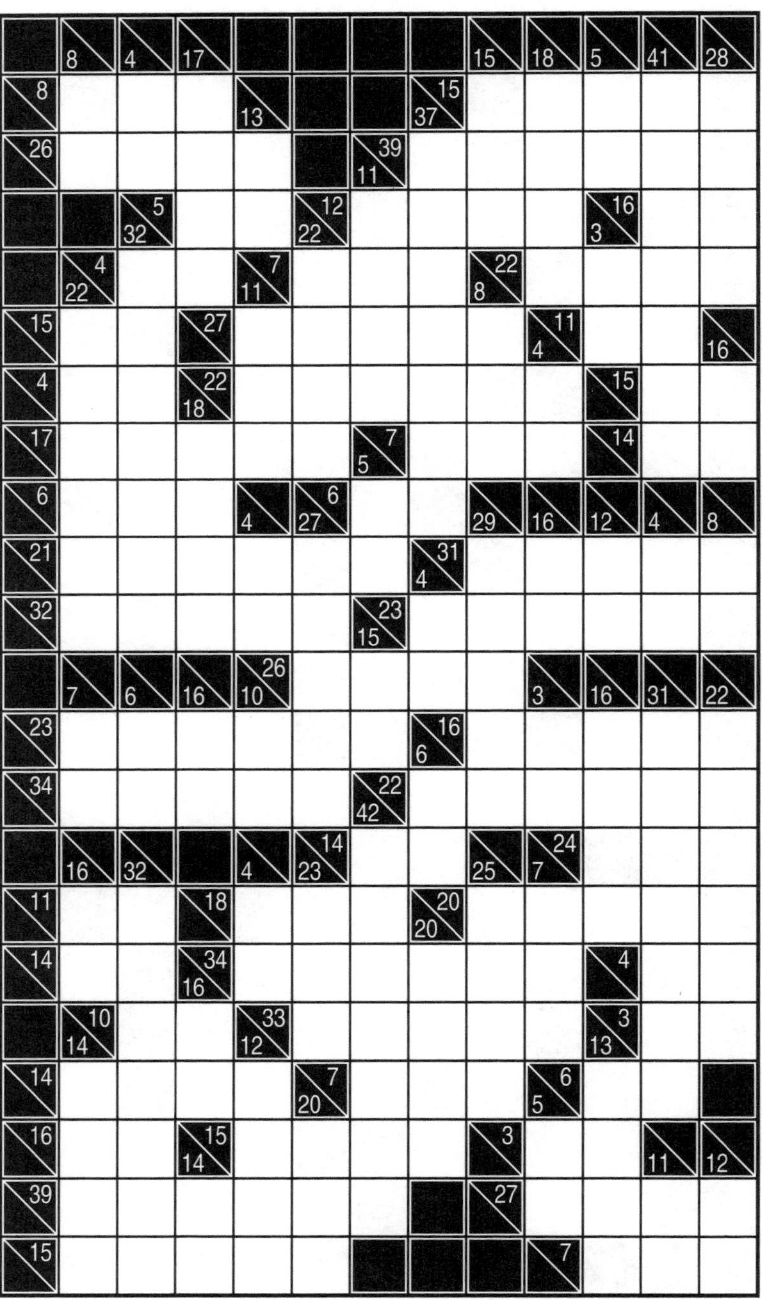

9 4

95

96

97

98

99

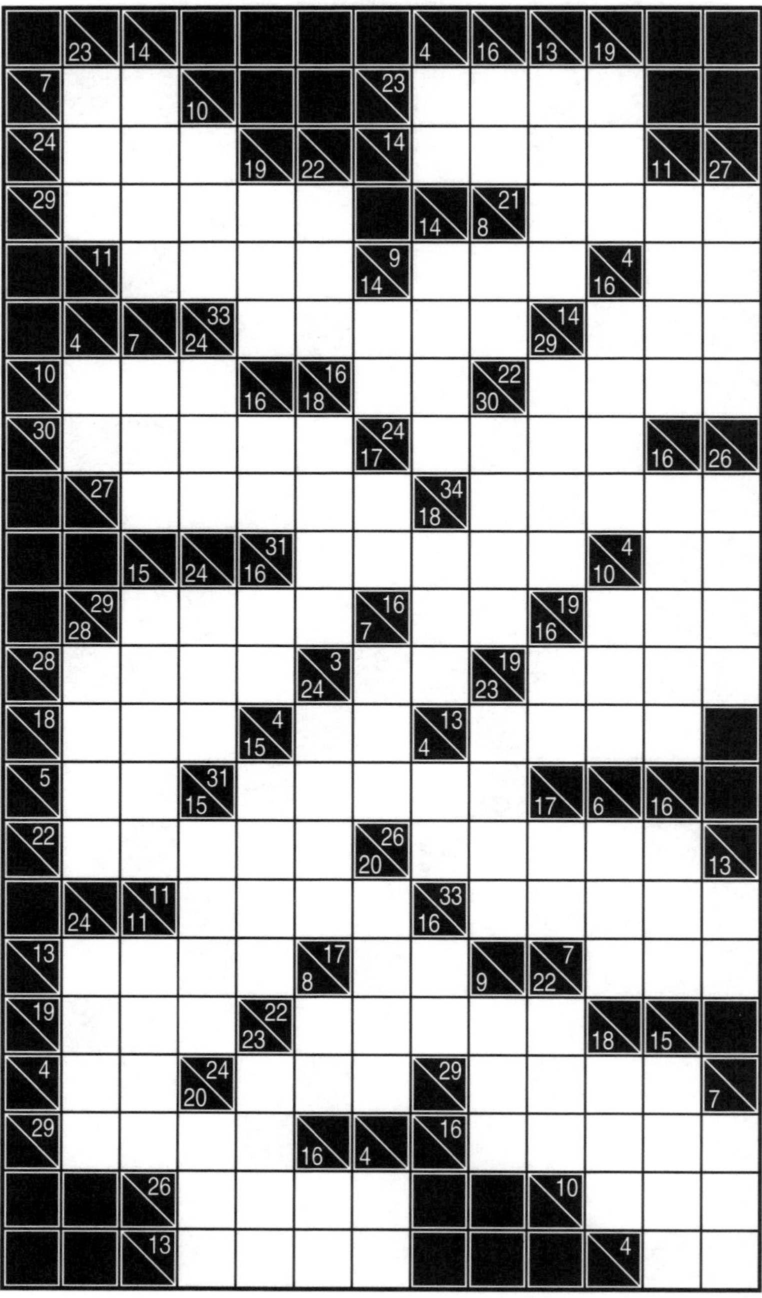

100

101

102

103

104

105

106

107

108

109

110

111

112

113

114

115

116

117

1 1 8

119

120

1 2 1

122

1 2 3

1 2 4

125

126

127

128

129

130

131

1 3 2

133

134

135

136

137

138

139

140

141

142

143

144

145

146

147

148

149

150

1

2

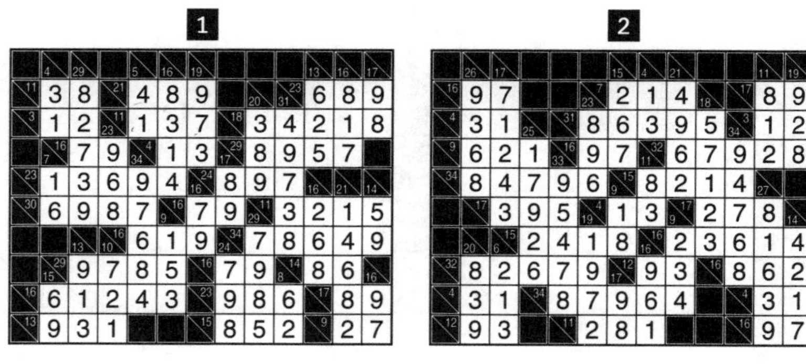

3

4

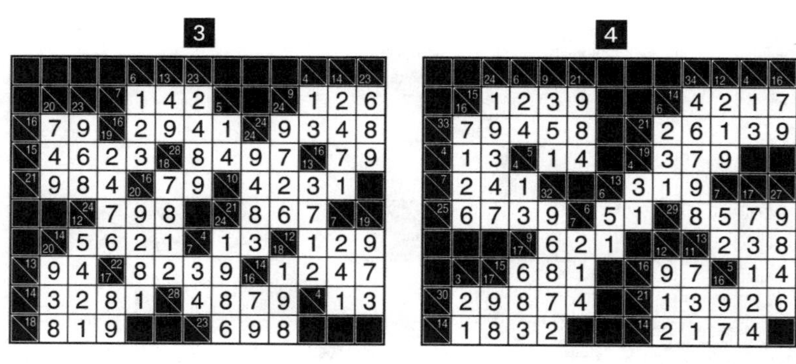

5

6

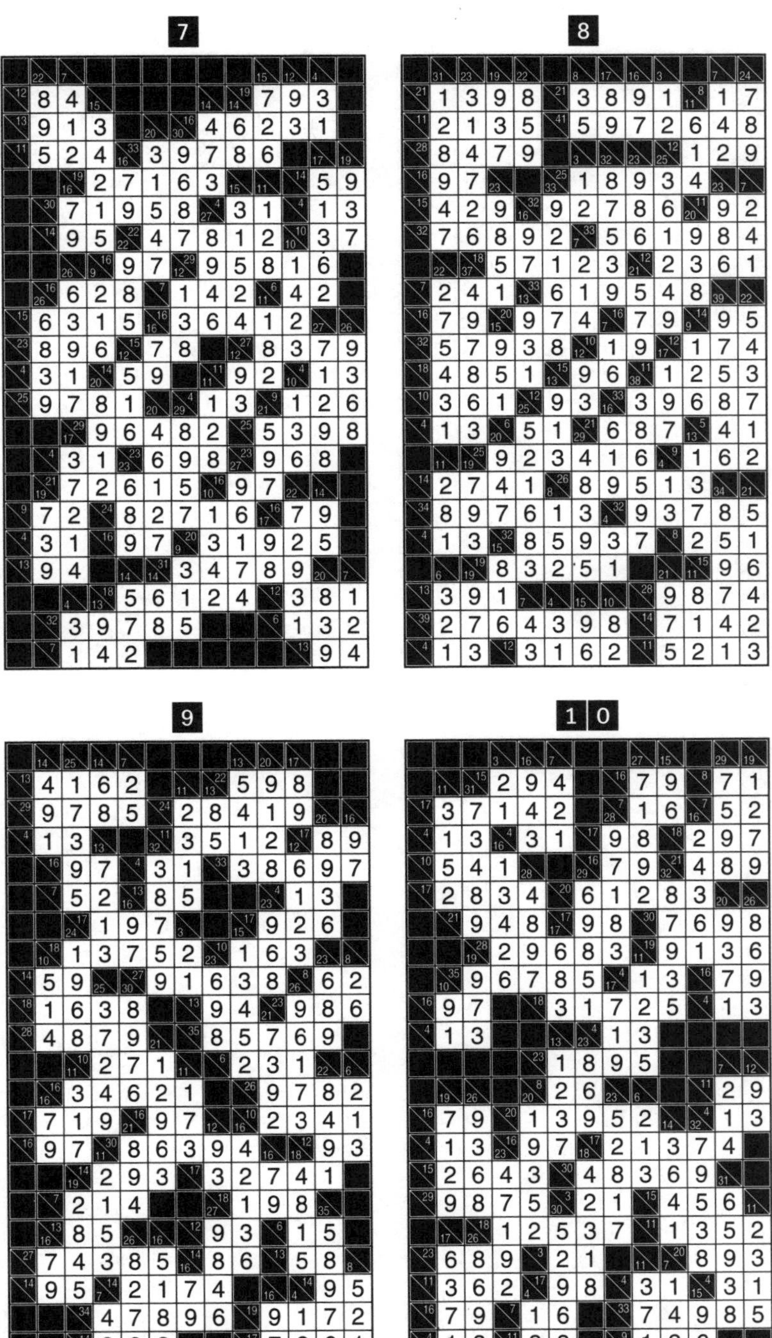
7
8
9
10

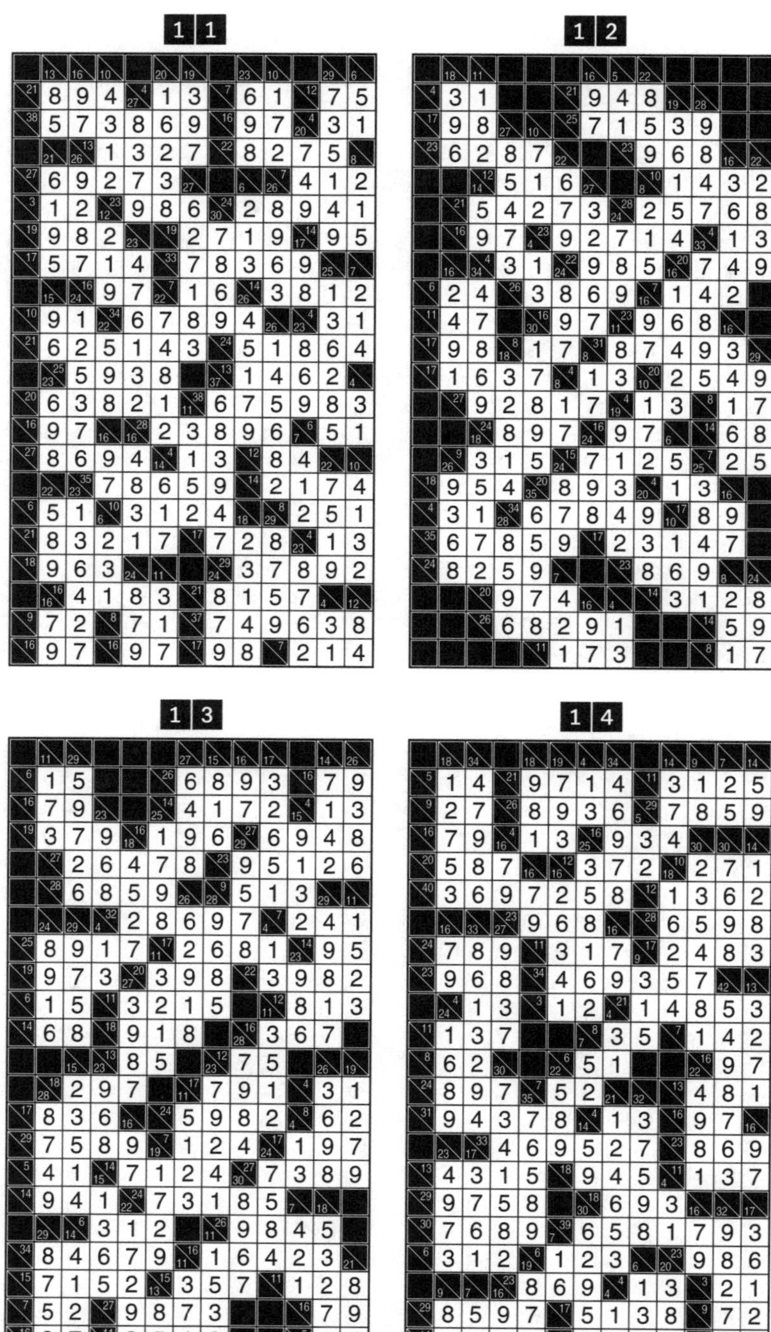
11
12
13
14

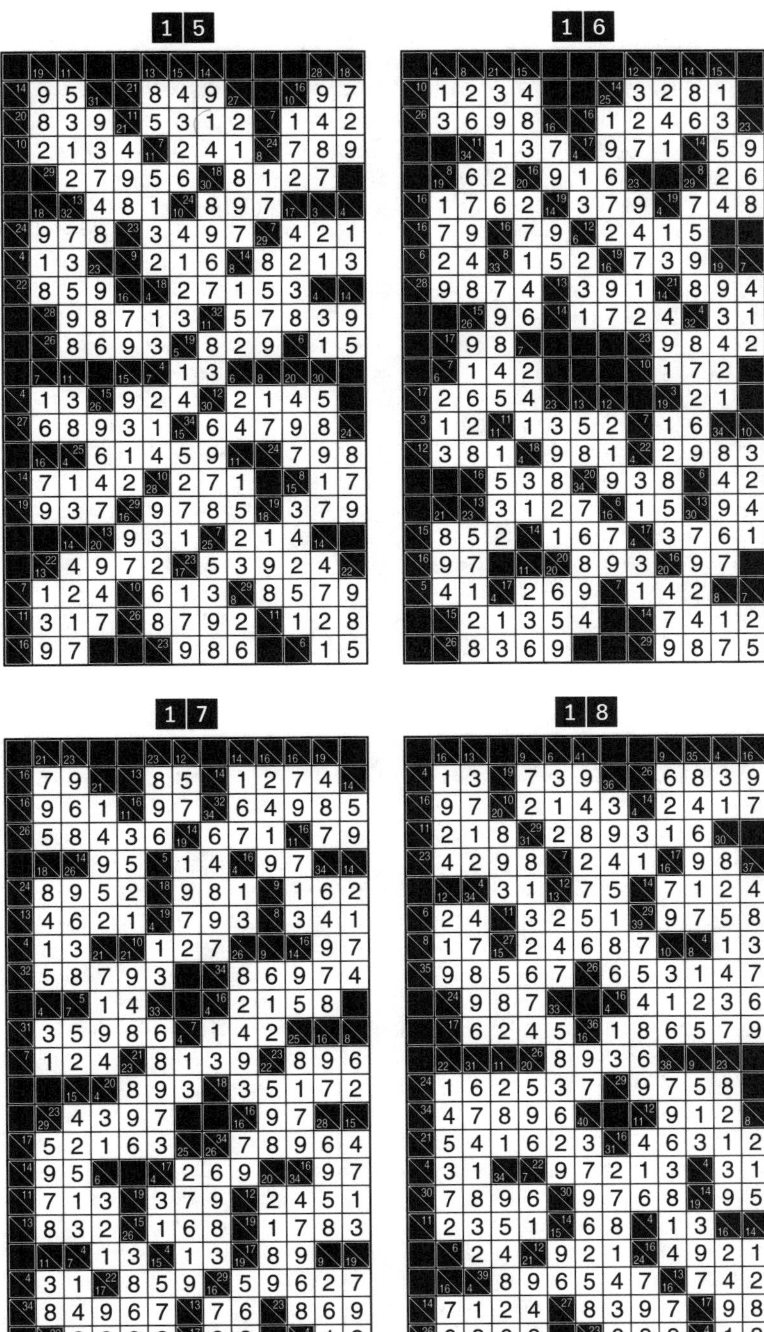

19

20

	14\	15\	13\	23\		26\	10\		9\	13\		
\11	2	1	5	3	\16	9	7	32\5	1	4		
\23	4	2	8	9	16\32	6	2	7	8	9	10\	11\
\4	1	3	\24	4	7	3	1	9	16\	15\4	1	3
\16	7	9	\24	7	9	8	11\28	3	7	1	9	8
	11\	34\		16\	35\	13\27	7	8	9	3	34\	
\16	7	9	\32	9	8	7	3	5	17\6	2	4	11\
\5	1	4	32\16	7	6	2	1	19\25	9	5	8	3
\19	3	7	9	7\6	5	1	\27	9	7	4	6	1
	\30	6	8	4	9	3	17\8	7	1	25\14	9	5
	\22	8	5	2	7	5\12	9	3	20\10	1	7	2
	20\	35\4	3	1	12\9	1	8	33\16	9	7	26\	
\14	1	6	7	19\12	8	4	10\26	9	8	6	3	
\17	9	8	31\4	3	1	\16	4	6	3	2	1	11\
\18	2	5	1	7	3	7\4	1	3	16\20	9	8	3
\30	8	7	6	9	18\18	1	2	8	7	\6	5	1
	\16	9	7	4\22	1	2	3	7	9	\16	9	7
	8\	4\23	9	3	7	4	14\	4\	22\		16\	11\
\23	6	3	8	1	5	23\6	1	3	2	\4	1	3
\3	2	1	9\	16\16	3	6	2	1	4	17\14	9	5
		\22	1	7	2	8	4	\19	7	9	2	1
		\17	8	9	\16	9	7	\23	9	8	4	2

21

			15\	14\		11\	34\		18\	8\	7\	15\
	26\	28\16	7	9	\14	5	9	\12	3	1	2	6
\28	8	9	6	5	34\6	2	4	11\29	8	7	5	9
\15	6	7	2	8\25	6	3	8	1	7		21\	26\
\4	3	1	16\16	3	4	1	6	2	20\	\16	7	9
\35	9	6	7	5	8	27\21	7	5	9	25\4	1	3
	\14	5	9	\17	9	8	4\19	3	1	5	4	6
			16\	7\17	7	9	1	12\27	3	7	9	8
		18\4	3	1	16\32	7	3	8	5	9	30\	10\
	21\18	1	5	2	7	3	10\16	3	2	1	6	4
\26	3	2	8	4	9	16\4	3	1	\10	3	5	2
\16	9	7	34\		8\16	9	7	4\	15\	20\4	3	1
\20	8	5	7	23\8	1	7	21\27	1	6	8	9	3
\16	1	3	6	4	2	4\28	1	3	8	9	7	
	23\	14\30	9	6	5	3	7	16\4	1	3		
\27	6	4	8	9	15\7	1	4	2		14\	29\	
\15	5	2	4	3	1	32\12	9	3	4\15	8	7	17\
\16	9	7	\8	1	2	5	13\16	4	1	6	2	3
\4	3	1		10\33	8	9	7	6	3	16\16	9	7
	7\	16\	12\17	2	4	7	3	1	3\23	9	8	6
\29	5	9	8	7	\4	3	1	\10	2	4	3	1
\14	2	7	4	1	\10	8	2	\4	1	3		

22

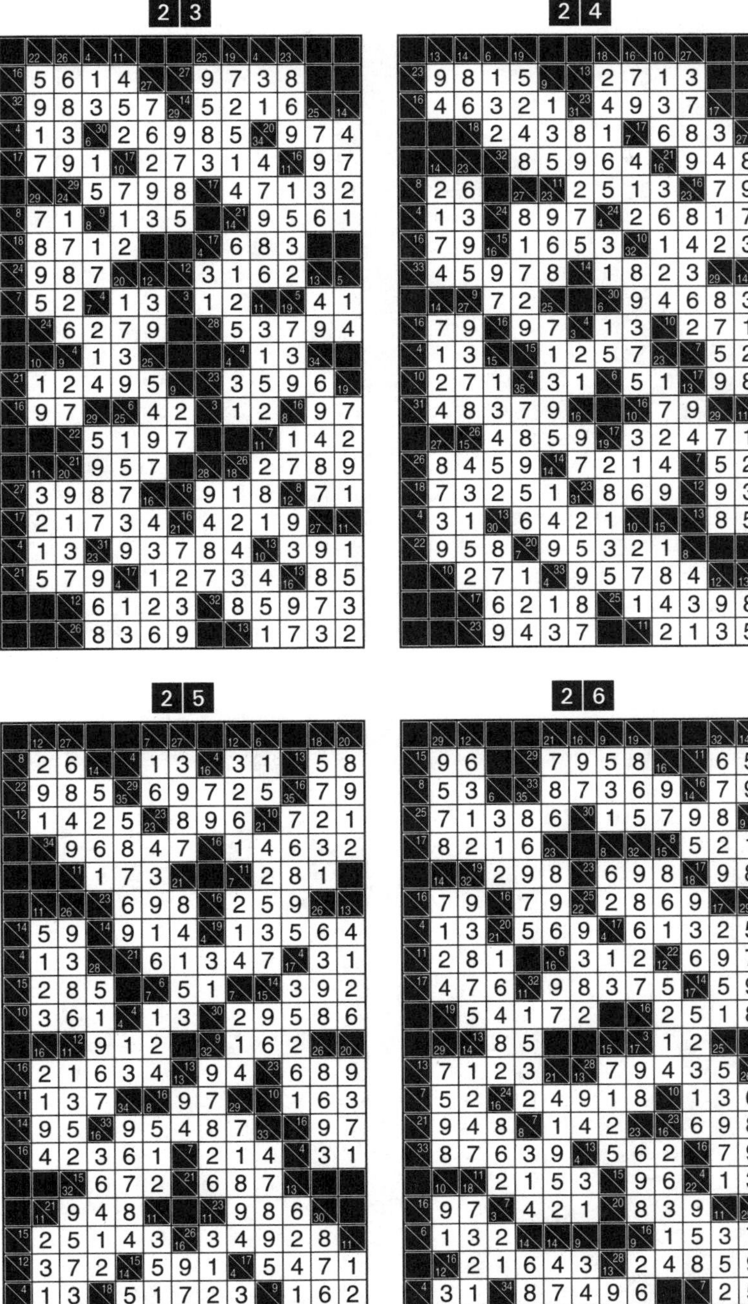

27

	16\	34\	6\		11\	4\	16\		17\	18\	23\	15\
\10	2	7	1	7\10	2	1	7	\28	6	5	8	9
\37	6	8	2	4	5	3	9	\15	1	3	9	2
\16	4	6	3	2	1	7\	24\	\13	2	1	6	4
\5	1	4	13\11	1	3	2	5	7\12	3	9	19\	11\
\13	3	9	1	9\	14\11	1	3	2	5	41\13	8	5
	15\	37\25	3	2	8	4	7	1	22\7	4	1	2
\16	3	4	2	1	6	\37	9	4	8	6	7	3
\30	9	8	7	6				12\11	2	5	3	1
\7	1	6	36\				4\6	1	3	2	23\	
\17	2	7	8		19\	8\25	1	3	9	8	4	
	\4	3	1	11\26	9	6	3	8	\16	9	7	23\
	\30	9	6	5	8	2			\22	7	6	9
	29\	10\7	4	1	2			22\	15\3	1	2	
\14	8	1	3	2	12\	11\		4\23	7	5	3	8
\31	7	4	9	3	6	2	11\16	1	6	3	2	4
\17	9	3	5	31\35	4	5	8	3	9	6	15\	35\
\7	5	2	16\10	4	2	3	1	27\	24\12	1	2	9
	15\	10\16	7	9	\13	1	2	3	7	7\6	1	5
\29	9	7	5	8		8\	16\30	7	9	2	4	8
\13	2	1	3	7	\41	2	7	9	8	4	5	6
\10	4	2	1	3	\23	6	9	8	\11	1	3	7

28

	7\	22\				16\	22\	26\	4\		34\	14\
\9	1	8	31\	14\	\17	7	3	6	1	\5	4	1
\23	4	9	8	2	\26	9	6	8	3	23\16	9	7
\11	2	5	3	1		34\4	1	3	\9	1	6	2
		\17	9	8	7\23	6	8	9	10\20	9	7	4
	29\	10\23	7	3	1	8	4	20\16	3	5	8	
\12	7	1	4	\13	4	9	\7	1	4	2	21\	14\
\7	5	2	24\	32\6	2	4	17\22	3	1	6	8	4
\23	8	3	7	5	11\26	7	8	9	2	14\16	9	7
\29	9	4	8	7	1	\16	9	7	23\12	9	1	2
		\20	9	8	3			6\11	2	5	3	1
	28\	11\	16\16	9	7		\12	3	9	20\		
\19	6	1	9	3	30\	4\	\7	2	1	4	24\	11\
\19	9	3	7	22\11	8	3	21\18	1	3	7	5	2
\13	8	5	17\16	2	6	1	7	19\27	8	9	7	3
\18	5	2	1	3	7	\17	8	9		20\13	8	5
		34\23	6	8	9	24\4	1	3	19\7	2	4	1
	23\19	8	2	9	29\18	5	3	7	2	1		
\20	8	9	3	\10	7	1	2	\17	9	8	18\	23\
\21	9	7	5	8\7	5	2	7\	\13	1	4	2	6
\10	4	6	\19	1	9	7	2	\29	7	5	9	8
\6	2	4	\29	7	8	9	5			\16	7	9

29

	18\	34\	7\		25\	28\	16\	18\		28\	3\	12\
\23	9	8	6	\26	8	7	9	2	\19	9	2	8
\17	7	9	1	15\14	2	4	7	1	3\7	2	1	4
\6	2	4	30\16	1	6	9	\9	3	1	5	31\	11\
	\32	6	7	2	9	8	16\15	5	2	4	3	1
	\21	7	9	5	24\	31\16	9	7	\18	8	7	3
		28\32	8	3	5	9	7			5\13	8	5
	12\34	7	6	4	9	8	23\		35\7	1	4	2
\5	1	4	13\	\10	3	1	6	6\21	8	4	9	
\23	8	9	6	21\27	7	6	8	1	5	15\		
\14	3	8	2	1	\31	7	9	5	6	4		
		\4	1	3	6\	10\	26\	\17	9	8	25\	23\
		\17	4	7	2	1	3	16\25	7	1	9	8
		27\	16\34	8	4	7	9	6	\9	2	1	6
	26\18	9	7	2	\8	2	5	1	19\	29\16	7	9
\23	6	8	9			6\23	1	2	5	7	8	
\4	3	1	29\		19\32	5	8	7	3	9	20\	
\24	8	7	9	4\4	3	1	29\	15\9	1	5	3	
\20	9	2	5	3	1	\24	7	1	2	8	6	20\
	17\	4\7	2	1	4	4\22	9	5	8	6\4	1	3
\19	9	3	7	\11	2	1	5	3	\11	1	2	8
\15	8	1	6	\26	9	3	8	6	\22	5	8	9

30

	26\	24\		16\	33\			18\	22\	5\	15\	23\
\16	9	7	\16	7	9		\34	9	7	4	6	8
\4	3	1	36\17	9	8	34\	24\22	4	9	1	2	6
\10	6	3	1	\22	5	8	1	2	6	\16	7	9
\17	8	4	5	30\10	1	4	2	3	37\	14\	28\	4\
	\39	9	8	7	4	6	5	\26	8	6	9	3
	14\	30\26	7	1	6	9	3	13\10	4	2	3	1
\27	4	8	9	6	11\23	7	4	3	6	1	2	24\
\23	2	7	6	5	3	\39	9	4	7	5	6	8
\16	7	9	\3	2	1		9\4	1	3	\16	7	9
\7	1	6	\16	9	7	4\20	6	5	9	\8	1	7
	9\	32\		24\	26\4	1	3	7\	28\		26\	17\
\4	1	3	\19	7	9	3	\11	4	7	\16	9	7
\15	6	9	15\4	1	3	39\	\4	1	3	23\4	3	1
\37	2	7	5	6	8	9	27\17	2	1	3	6	5
	16\23	1	2	3	6	4	7	25\20	6	2	8	4
\29	9	8	7	5	\29	6	2	4	9	8	31\	
\14	7	4	1	2	28\25	7	3	1	2	4	8	14\
	24\	9\		9\22	9	5	6	2	\7	1	4	2
\15	9	6	16\35	5	7	8	9	6	8\16	5	7	4
\22	8	2	7	1	4		\4	3	1	\4	3	1
\28	7	1	9	3	8		\16	9	7	\16	9	7

31

32

				↓11	↓17	↓5		↓16	↓29	↓16	↓18	
	↓19	↓28	→17	5	9	3	→26	8	7	9	2	↓20
→3	2	1	↓22 →8	1	5	2	↓29 →18	2	5	7	3	1
→20	8	6	1	2	3	↓4 →23	9	6	8	↓23 →16	7	9
→23	9	7	4	3	↓13 →11	3	8	↓17 →18	9	6	1	2
	→16	9	7	↓9 →11	3	1	5	2	↓23 →22	9	5	8
	→11	5	2	3	1	↓23 →24	7	4	5	8	↓11	↓3
	↓11	↓21 →29	8	5	7	9	→16	7	9	↓11 →11	9	2
→16	7	9	→10	1	2	7	↓16 →17	3	6	5	2	1
→8	3	5		↓8	↓13 →20	5	9	1	3	2	↓33	
→3	1	2	↓28 →14	1	4	2	7	↓17	↓3 →8	1	7	
	→28	4	8	7	9	↓5	↓27 →21	9	1	3	8	↓11
	→5	1	4	↓14	↓29 →16	1	5	8	2	→16	9	7
	↓7	↓4 →30	9	2	8	4	7	↓13	↓23	→7	4	3
→20	5	3	7	1	4	→20	9	3	8	↓30 →6	5	1
→3	2	1	↓23 →17	8	9	↓11 →30	6	7	9	8	↓23	
	↓30	↓18 →12	6	3	2	1	↓4 →13	1	6	4	2	
→20	8	3	9	↓26 →16	6	5	3	2	↓12 →4	3	1	↓10
→26	7	2	8	9	↓20 →3	2	1	↓15 →27	4	9	8	6
→16	9	7	↓16 →20	8	9	3	↓12 →16	4	2	6	3	1
→35	6	5	9	7	8	→22	8	9	5	→12	9	3
	→13	1	7	2	3	→7	4	2	1			

33

	↓11	↓26		↓7	↓29	↓18				↓14	↓26	
→4	1	3	→14	2	7	5		↓6	↓10 →12	9	3	↓18
→14	5	9	→20	4	9	7	→17	3	6	5	2	1
→10	2	8	↓19 →9	1	5	3	↓24 →6	2	4	↓34 →16	9	7
→13	3	6	4	↓10 →16	8	2	5	1	↓10 →8	4	1	3
	↓18	↓25 →13	9	4	↓30 →4	1	3	↓24 →23	2	9	7	5
→18	2	3	5	1	7	→23	7	3	1	6	4	2
→15	3	4	1	2	5	↓16 →27	9	8	3	7	↓17	↓16
→16	7	9	↓30 →20	3	8	9	↓7 →34	6	4	8	9	7
→9	1	2	6	↓23 →14	1	7	4	2	↓23	↓25 →17	8	9
→35	5	6	7	8	9	↓19 →23	2	5	9	7	↓37	
	→16	1	9	6	↓32 →4	3	1	↓28 →10	6	1	3	↓18
	↓7	↓4 →30	8	9	6	7	↓8 →35	7	8	9	6	5
→3	2	1	↓21	↓17 →16	4	9	2	1	↓15 →16	8	7	1
→21	5	3	4	1	8	↓29 →23	6	9	8	↓27 →16	9	7
	↓34	↓34 →20	3	4	5	8	→30	6	4	9	8	3
→38	8	5	6	3	9	7	↓22 →18	5	1	6	4	2
→30	6	8	7	9	↓23 →8	5	3	↓15 →6	2	4	↓11	↓24
→8	4	3	1	↓8 →21	8	9	1	3	↓21 →14	8	2	4
→16	7	9	↓17 →16	7	9	→21	7	5	9	→4	1	3
→26	9	2	8	1	6	→23	9	6	8	→12	3	9
	→16	7	9			→7	2	1	4	→13	5	8

34

35

36

37

38

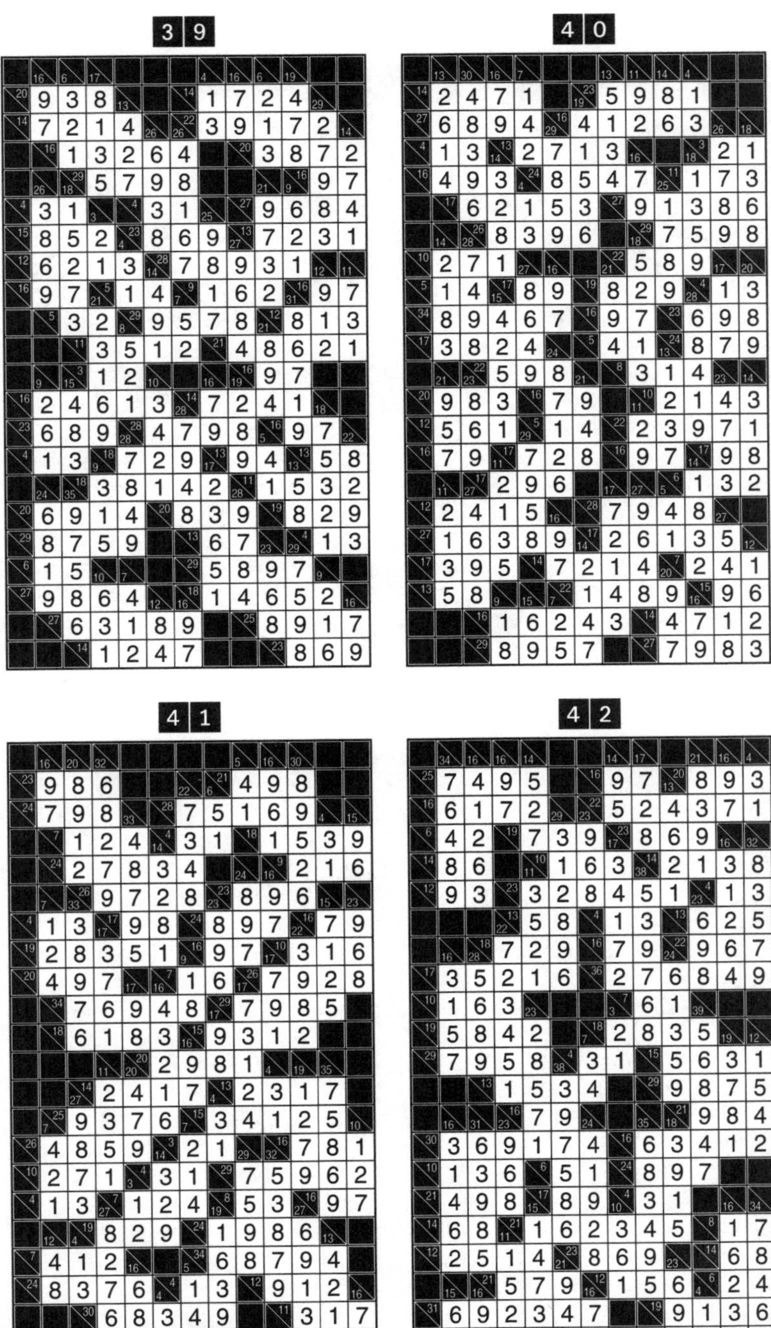
39
40
41
42

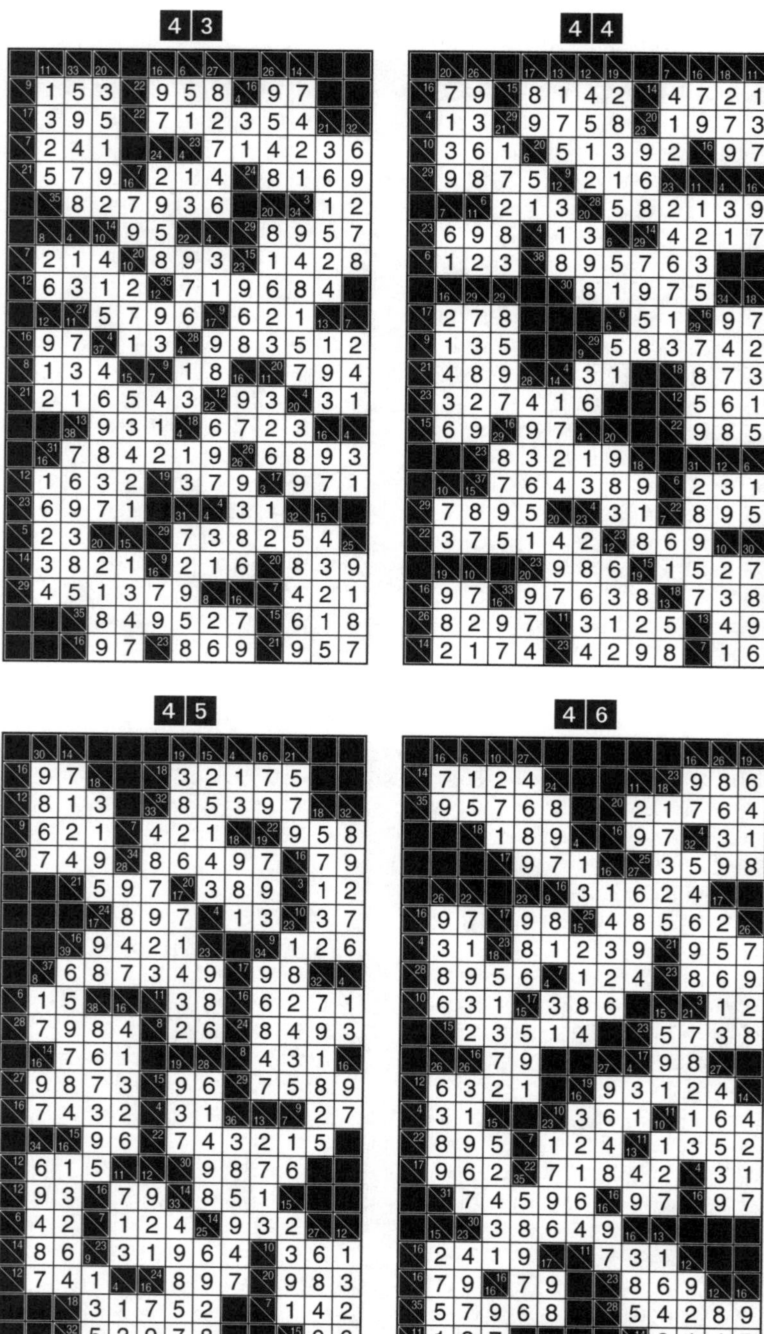
4 3
4 4
4 5
4 6

47

48

49

50

51

	13\	35\	16\		4\	16\	17\	10\		16\	27\	
\15	3	5	7	\27	3	9	8	7	\14	9	5	14\
\19	2	8	9	\14	1	7	4	2	32\11	7	3	1
\16	7	9	16\		5\	4\8	3	1	4	16\16	9	7
\11	1	6	4	6\7	4	1	2	9\27	9	8	6	4
	\18	7	2	5	1	3	17\15	3	5	1	4	2
	24\	30\4	3	1	29\	8\29	9	5	8	7	15\	20\
\22	9	7	6	\27	9	4	7	1	6	16\4	1	3
\15	6	8	1	19\9	5	3	1	16\	19\12	1	2	9
\7	1	6	34\11	2	8	1	11\35	9	5	6	7	8
\35	8	9	6	5	7	10\28	9	7	3	4	5	
		10\17	9	8	17\3	1	2	27\4	1	3	11\	29\
	19\28	3	7	1	8	9	10\30	6	8	2	5	9
\31	7	4	8	3	9	19\7	1	4	2	25\6	1	5
\15	9	2	4	16\	19\24	9	7	8	\18	7	3	8
\4	3	1	24\30	4	8	7	2	9	4\10	1	2	7
	15\	34\21	8	1	9	3	10\	7\5	1	4	26\	
\17	1	4	7	3	2	28\23	2	1	3	8	9	28\
\26	4	7	9	6	7\23	9	8	6	\14	5	2	7
\17	8	9	4\11	2	1	8	4\	16\		3\5	1	4
\9	2	6	1	\23	4	7	3	9	\15	1	6	8
	\11	8	3	\14	2	4	1	7	\19	2	8	9

52

53

	4\	18\	20\					9\	19\	16\		
\7	1	4	2	14\			12\23	6	8	9		
\21	3	9	8	1	13\	\19	8	1	3	7	10\	17\
	\11	5	1	3	2	11\7	4	2	1	23\9	1	8
	13\	13\28	9	8	6	5	27\	\27	7	8	3	9
\16	9	7	21\16	2	4	1	9		24\8	6	2	
\7	1	2	4	\10	1	3	6	15\14	1	9	4	
\13	3	1	9	19\	19\20	2	8	1	9	10\		
	\26	3	6	8	9	\13	4	2	6	1	24\	
	7\	30\13	2	4	7		10\27	7	8	3	9	19\
\7	1	6	12\4	1	3	4\14	9	5	24\17	2	6	9
\24	4	9	5	6	27\4	3	1	7\28	9	4	8	7
\10	2	7	1	12\6	5	1	\4	1	3	29\4	1	3
	\21	8	4	2	7	27\	\19	4	8	7	16\	
		\21	2	3	9	7	22\12	2	4	5	1	11\
		14\	19\12	1	6	3	2	10\	\12	9	2	1
	\23	8	9	6	\13	9	3	1	26\15	8	4	3
	6\4	1	3	20\	\26	8	9	2	7	16\16	9	7
\15	5	2	7	1	14\	8\28	8	4	9	7	20\	
\4	1	3	12\23	8	9	6	\22	3	8	2	9	16\
		\23	8	9	4	2		\13	2	1	3	7
		\7	4	2	1				\23	6	8	9

54

55

56

57

58

59

60

			13\	10\						30\	11\	16\
	29\	11\4	1	3				17\	5\11	1	3	7
\18	9	3	4	2	17\		31\31	6	1	7	8	9
\33	7	5	8	4	9	16\28	7	8	4	9	28\	19\
\7	5	2	17\21	1	8	7	2	3	5\23	8	6	9
\18	8	1	9	4\	31\14	9	5	31\22	1	5	9	7
	12\	15\11	8	1	2	18\21	8	9	4	4\4	1	3
\10	8	2	22\32	3	7	8	9	5	15\11	3	8	
\7	4	1	2	\6	5	1	17\10	2	3	1	4	
	17\4	3	1	25\29	8	9	1	7	4	33\		
\35	8	5	6	7	9	11\29	7	8	5	9	23\	16\
\19	9	4	5	1	18\16	7	9	21\22	1	8	4	9
		\14	8	3	2	1	7\18	5	2	3	1	7
		21\	16\16	6	1	3	2	4	\16	7	9	14\
	\28	6	9	8	5	34\4	1	3	16\13	6	2	5
	12\9	2	7	4\30	3	6	4	8	9	7\16	7	9
\3	2	1	32\17	1	7	9	6\11	1	7	3	14\	30\
\27	9	8	7	3	19\6	4	2	8\	25\12	4	1	7
\7	1	4	2	7\34	9	7	4	6	8	24\16	7	9
	6\	14\29	9	5	7	8	\29	2	9	8	4	6
\17	1	5	6	2	3			\26	7	9	2	8
\22	5	9	8					\8	1	7		

61

62

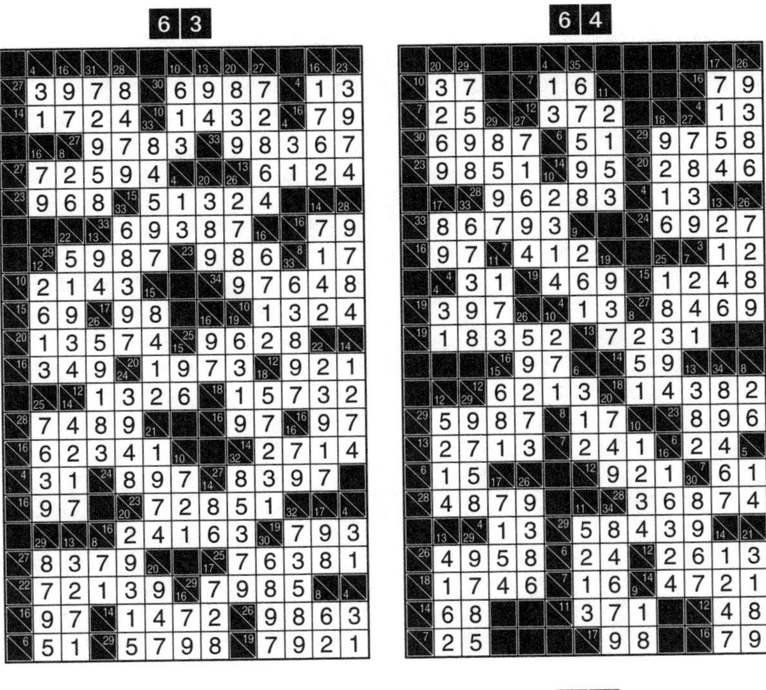

65

66

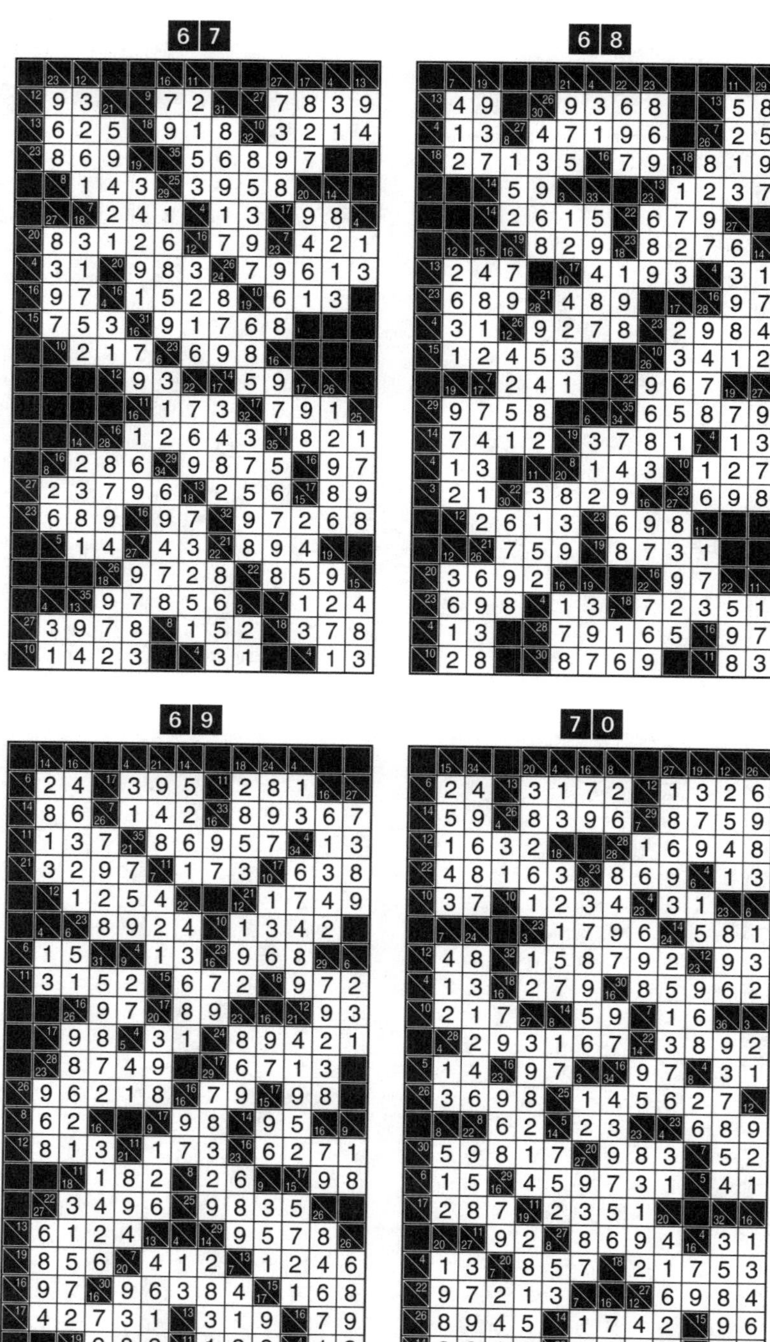
67
68
69
70

71

2	1	7	4			7	9		8	2	
6	3	9	8	2		6	8	2	9	4	
9	7		9	6	8		6	8	5	9	
		7	3	1	5	2		1	3		
8	3	9		8	7	1	2		7	6	2
1	2	4			9	6	4	8		9	7
9	4			5	3		1	2	9	5	4
3	1	9	4	8				3	8	2	1
		7	1	9			7	9			
3	1	8	2			7	9	5	6	4	
1	2	4			8	9			3	1	9
	3	5	2	1	9			3	1	2	6
			9	5			9	7	2		
2	1	8	3				8	9	5	3	6
4	7	9	6	8		3	1			1	3
7	9		7	9	8	6			3	7	9
1	8	2		3	4	1	2		6	9	8
		3	1		9	2	4	8	1		
	6	1	5	8		4	7	9		8	4
	8	5	9	7	1		1	7	8	9	2
	9	7		9	2			3	5	2	1

72

73

3	1		1	9	2		6	9	8		
9	7		3	8	6	4	9	7	5		
2	4	9		4	1	2	3		2	3	9
1	2	6	4		4	1	7		1	2	7
		8	1	2	3		5	2	3	6	8
			3	1			8	4		1	3
		5	7	4	8			1	2		
	4	1	2		7	8	3		9	8	7
1	3	2		7	2	4	1		3	2	1
2	8	3	1	9	4		9	5		7	9
5	6	4	3					2	1	5	3
3	5		2	6		2	3	1	4	6	5
7	9	8		9	7	5	1		2	4	8
4	7	1		8	9	6		7	6	9	
		9	7			4	2	8	3		
7	9		1	3			1	3			
3	8	7	2	6		1	4	6	2		
2	7	6		9	1	7		9	7	4	8
1	2	5		5	2	9	1		1	2	7
		8	1	4	3	5	2	7		7	9
		9	3	8		8	6	9		1	3

74

75

76

77

78

79

80

81

82

83

84

85

86

87

88

89

90

91

92

93

94

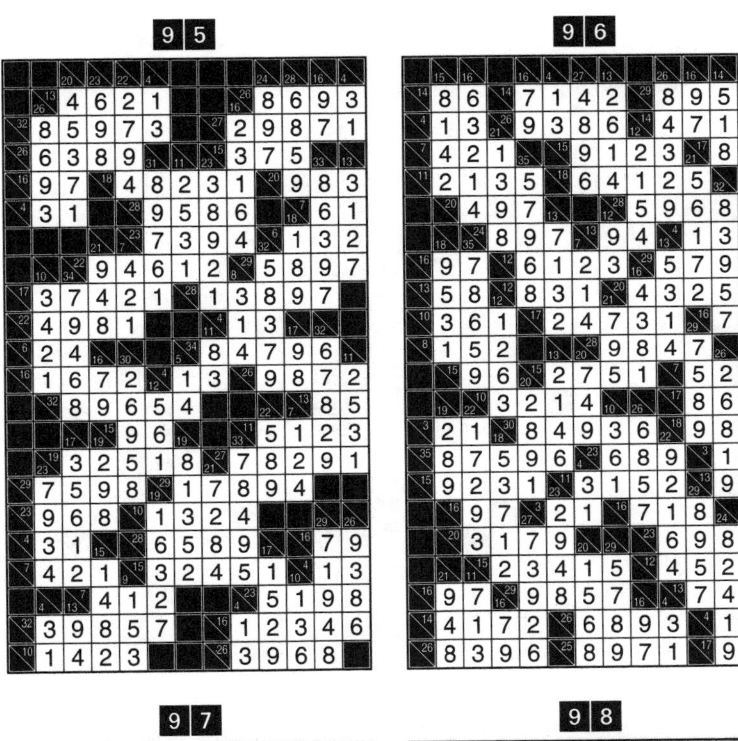

97

	7	2	9	8		3	5	8				
	2	1	3	5		1	3	4	2	6		
	9	7					2	6	1	8	9	
	8	4	2		3	7	1		7	9	5	2
		3	1	6	4	9		8	5		8	5
			6	7	9		1	3		4	3	1
				9	5	8	7		9	6	7	3
			7	8	1	2		1	4	2		
			1	2		1	2	9	7	3		
	6	8	9				1	3		1	3	7
	1	3				9	7				1	3
	8	9	3		9	7				1	2	9
			2	1	3	8	9		9	4		
			9	6	8		8	9	7	2		
	5	2	1	3		2	3	1	5			
	8	1	4		9	7		3	8	5		
	9	7		2	7		3	5	6	9	7	
	6	5	9	7		4	1	2		7	6	1
		3	2	4	6	1					4	2
			8	1	7	5	2		1	9	8	6
					9	8	6		6	7	9	8

98

	1	3		6	9	8	4		9	7		
	2	6		3	6	2	1		7	3	6	9
	5	9	8	7		9	2	4		1	2	7
	3	8	4	1	2		9	8	6		1	4
			5	8	7	9		6	4	9	7	8
	1	6	2		1	4		9	3	8	4	
	3	7	9		4	8	9	7	1			
	7	9		2	3	7	4		8	1	7	
		8	9	3		6	8	9		2	4	1
		4	7	1	2		1	3		8	9	5
				5	3			1	2			
	9	4	8		1	2		6	9	7	8	
	7	2	6		5	6	8		8	9	6	
		1	9	6		4	9	8	7		9	7
				9	4	1	3	6		9	7	1
		1	9	8	2		7	9		2	4	3
	1	2	5	4	3		4	5	3	6		
	9	7		3	1	2		7	4	8	2	6
	2	5	1		8	5	9		9	7	3	8
	8	3	9	5		1	8	9	7		8	9
			3	1		3	6	7	1		1	3

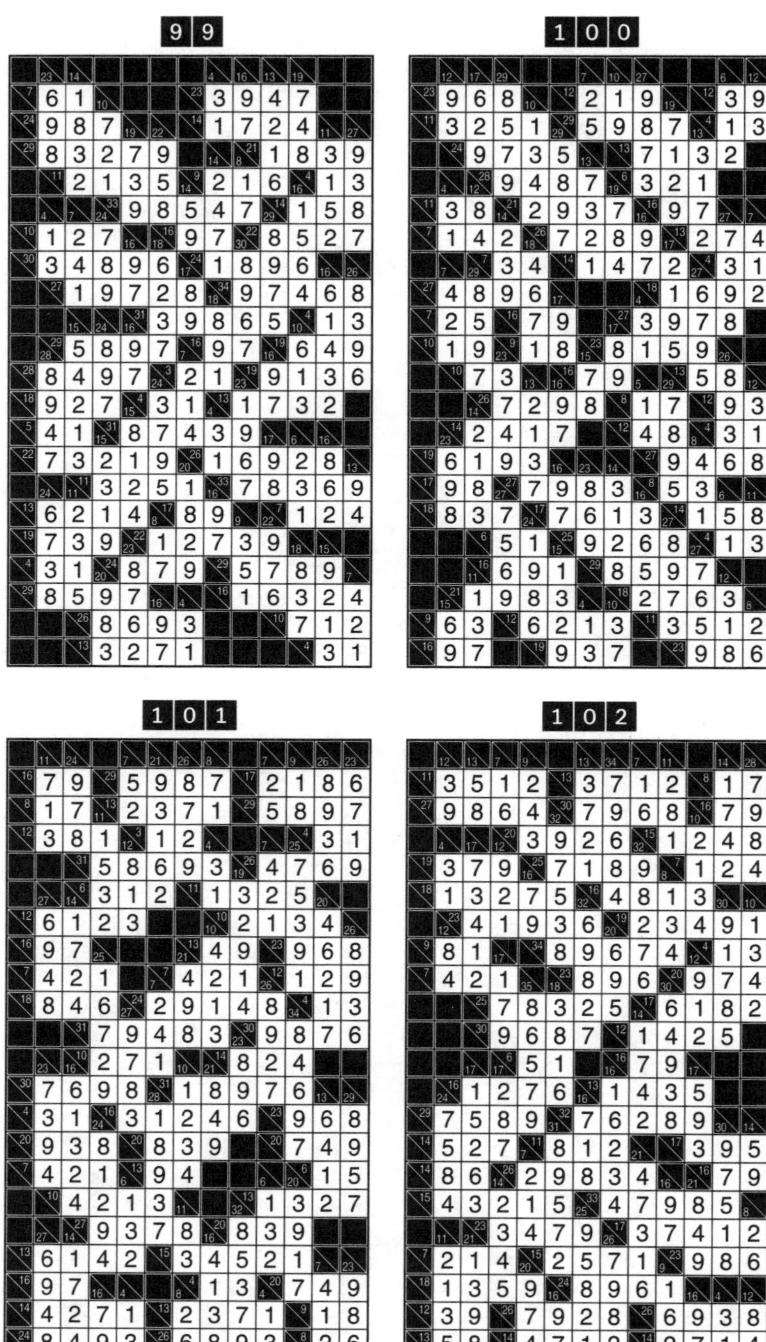
99
100
101
102

103

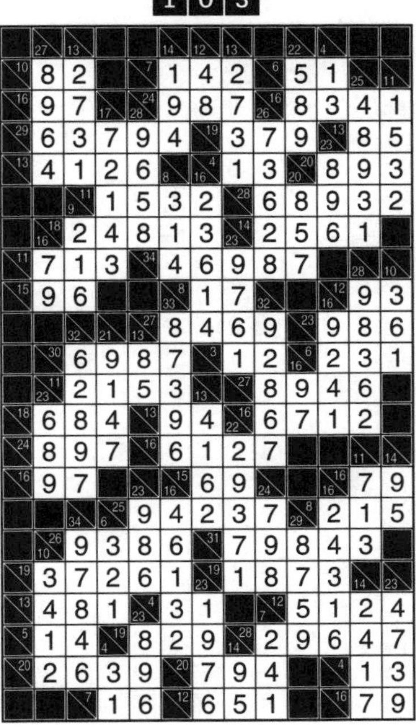

104

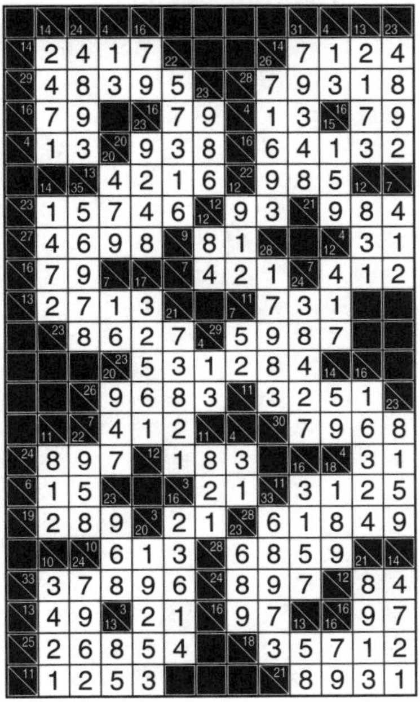

105

106

107

108

	24\	22\						38\	16\	6\	21\	15\
\15	8	7		14\	35\		\34	8	9	4	7	6
\3	2	1	29\16	7	9		6\18	3	7	2	5	1
\26	7	4	8	1	6	\8	1	7	33\	31\17	9	8
\32	6	5	9	4	8	38\29	5	9	8	7	10\	23\
\22	1	3	7	2	4	5	\24	6	5	1	3	9
	\7	2	5	4\4	1	3	23\18	5	4	2	1	6
	23\	15\	17\25	1	7	9	8	11\27	9	4	6	8
\26	9	8	6	3	3\31	8	6	1	7	9	3\	12\
\10	6	3	1	12\21	2	7	9	3	23\19	8	2	9
\28	8	4	7	2	1	6	\16	7	9	11\4	1	3
	5\	16\4	3	1	9\		39\	16\13	8	5	11\	23\
\8	1	7	22\15	9	6	10\38	7	9	6	3	5	8
\14	4	9	1	31\14	1	2	4	7	4\9	1	2	6
	23\	7\30	4	9	2	7	8	32\16	1	2	4	9
\15	8	1	2	4	34\12	1	6	2	3	22\	23\	
\33	9	4	5	7	8	\16	9	7	13\3	1	2	32\
\17	6	2	3	5	1	14\23	5	1	2	4	3	8
	7\	9\27	7	6	9	5	\24	5	1	8	4	6
\4	1	3	13\	16\16	7	9	\33	8	3	9	6	7
\18	2	1	5	7	3		\16	9	7	\16	7	9
\32	4	5	8	9	6					\3	1	2

109

	11\	17\				16\	35\	31\	17\		9\	16\
\4	1	3			\30	6	8	9	7	14\14	5	9
\17	8	9	6\	32\	\40	1	6	8	9	5	4	7
\13	2	1	3	7	33\15	2	5	4	1	3	15\	11\
	\39	4	2	8	6	3	9	7	\13	6	4	3
	14\	29\22	1	5	2	4	7	3	40\	13\16	9	7
\16	7	9	\4	3	1	14\		11\16	4	9	2	1
\6	1	5	29\20	9	7	4	\7	2	1	4	15\	6\
\12	2	7	3	\16	9	7	16\16	9	7	23\4	3	1
\21	4	8	9	40\11	3	1	7	\11	5	3	1	2
		27\31	8	7	5	2	9	\27	8	7	9	3
	13\23	8	6	9		16\	10\	42\9	6	1	2	
\24	8	9	2	5	\33	7	3	8	9	6	27\	11\
\14	4	7	1	2	16\20	9	4	7	\7	2	4	1
\4	1	3	14\15	8	7	\4	1	3	25\12	4	6	2
	13\	7\23	8	6	9	\7	2	4	1	\12	9	3
\12	1	2	6	3	15\	25\	33\17	9	8	7\13	8	5
\4	3	1	12\	\36	3	9	8	5	7	4	10\	
\21	9	4	8	23\28	4	1	7	6	5	2	3	19\
	11\	17\16	3	6	1	2	4	\15	4	1	2	8
\35	4	8	1	9	2	6	5			\13	4	9
\16	7	9	\29	8	5	7	9			\3	1	2

110

111

112

				12\	7\				16\	17\	11\	6\
	25\	34\	\12	8	4	24\		32\14	3	8	1	2
\6	2	4	\10	1	2	7	\33	8	6	9	7	3
\16	9	7	13\13	3	1	9	11\4	3	1	20\4	3	1
\18	6	9	3	30\	\31	8	3	7	4	9		
\22	8	6	1	7	26\	\11	1	5	2	3	28\	
	\28	8	7	9	4	10\16	7	9	\4	1	3	29\
	10\	12\12	2	6	3	1		15\	14\24	7	8	9
\17	9	8	13\23	8	9	6	16\14	6	8	\16	9	7
\7	1	4	2	14\16	2	3	4	1	6	10\7	2	5
		\16	3	5	8	6\17	9	8	16\16	2	6	8
	29\	18\16	7	9	13\4	1	3	17\13	9	4		
\11	7	3	1	16\4	1	3	18\11	1	7	3	17\	16\
\7	5	2	\26	7	4	2	8	5	23\17	1	9	7
\16	9	7	26\17	9	8	\23	9	6	8	29\17	8	9
\20	8	5	7		35\	22\16	1	3	5	7	21\	
	\3	1	2	18\12	5	7	\12	2	1	5	4	26\
		\28	9	5	8	6	18\	\26	9	8	3	6
	11\	7\32	8	2	7	9	6	13\	8\23	9	6	8
\4	3	1	15\16	7	9	\12	8	3	1	\16	7	9
\27	7	4	9	1	6	\7	4	1	2	\4	1	3
\12	1	2	6	3			\14	9	5			

113

114

115

116

117

118

119

120

121

122

123

	12\	12\					16\	21\	16\			
\14	9	5	13\	13\		18\18	9	8	1	9\		
\11	3	1	5	2	16\17	3	7	4	2	1	29\	18\
	\27	6	8	3	9	1	18\33	9	6	3	8	7
			25\14	1	7	2	4	22\29	7	5	9	8
	4\	23\16	9	7	16\18	7	2	9	28\	\8	7	1
\19	3	9	7	11\35	9	5	6	8	7	\7	5	2
\20	1	6	4	2	7	15\8	1	5	2	35\		
	\14	8	5	1	26\12	7	5	33\16	9	7	12\	
	4\	11\	29\14	5	1	8	3\16	5	4	6	1	
\16	1	2	6	3	4	4\26	1	7	6	9	3	5\
\8	3	1	4	34\22	9	3	2	8	11\8	5	2	1
	\15	3	2	4	5	1	5\30	9	3	8	6	4
	\26	5	8	6	7	33\7	1	4	2	12\	19\	
		\17	9	8	15\13	9	4	16\12	1	2	9	16\
	14\	30\	\23	9	6	8	15\35	7	5	6	8	9
\16	7	9	\32	7	8	5	3	9	17\10	1	2	7
\7	1	6	23\	10\7	1	4	2	4\4	1	3		
\16	2	7	6	1	12\17	7	1	3	6	4\	24\	
\25	4	8	9	3	1	4\26	5	1	8	3	9	14\
		\26	8	2	9	3	4	\16	2	1	8	5
			\7	4	2	1				\16	7	9

124

	24\	26\		9\	19\				18\	4\	24\	26\
\3	1	2	\4	1	3	17\	14\	\26	6	3	8	9
\16	9	7	3\30	8	7	9	6	30\17	2	1	6	8
\15	6	8	1	13\34	9	8	4	6	7	\3	1	2
\26	8	9	2	7	7\	30\13	1	9	3	\16	9	7
		26\	7\23	1	2	9	3	8	7\			
	18\28	9	2	5	4	8	20\4	3	1		17\	16\
\18	9	8	1	22\16	1	6	3	4	2	34\14	5	9
\27	8	6	4	9	16\16	7	9	14\18	4	6	1	7
\4	1	3	16\14	5	9	\16	7	9	\12	9	3	
		32\11	3	1	7	\6	1	5	26\14	8	6	
	\17	8	2	7	10\	28\		10\15	9	4	2	
	\3	2	1	\16	9	7	\22	9	6	7	10\	21\
	14\15	9	6	23\5	1	4	17\4	1	3	15\5	1	4
\23	5	6	4	8	16\16	9	7	24\24	8	5	2	9
\16	9	7	\28	6	4	8	1	9	24\12	1	3	8
			\12	9	3	19\34	6	8	7	9	4	
	14\	20\		27\28	1	8	3	7	9	16\	17\	26\
\17	8	9	\10	7	2	1	3\	21\24	8	7	3	6
\4	1	3	17\32	9	6	7	2	8	9\23	9	6	8
\27	3	7	9	8	\10	3	1	4	2	\16	7	9
\14	2	1	8	3			\16	9	7	\4	1	3

125

	17\	16\	21\			7\	32\	4\			11\	23\
\23	8	9	6	32\	\10	2	7	1		14\8	2	6
\26	9	7	2	8	\15	4	8	3	32\21	7	5	9
		14\4	1	3	18\4	1	3	24\20	9	2	1	8
	12\25	1	8	9	7	\24	5	8	7	1	3	
\15	1	2	4	5	3	34\27	9	6	8	4	21\	10\
\16	9	7	19\17	7	2	8	23\4	1	3	\16	9	7
\7	2	4	1	4\25	1	4	6	9	5	4\5	4	1
	24\	27\32	9	3	5	7	8	29\	9\11	1	8	2
\17	6	8	2	1	20\27	6	9	7	2	3	14\	26\
\24	8	9	7	19\16	7	9	\6	5	1	\16	7	9
\4	1	3	\16	7	9		35\15	9	6	12\4	1	3
\16	9	7	16\4	3	1	10\14	6	8	5\13	3	2	8
	11\	18\29	7	9	3	2	8	21\13	1	2	4	6
\13	1	3	9	28\	11\34	7	9	8	4	6	22\	10\
\17	8	9	\21	6	3	1	7	4	21\11	1	8	2
\8	2	6	28\14	9	5	27\8	5	2	1	15\4	3	1
		11\13	7	3	1	2	\34	6	8	4	9	7
	12\28	3	9	8	2	6	16\10	1	4	3	2	
\14	3	1	8	2	16\16	9	7	\3	2	1	4\	15\
\7	1	2	4	\24	9	7	8	\23	6	5	3	9
\13	8	5		\11	7	3	1		\9	2	1	6

126

	6\	14\	10\	26\		11\	14\		26\	10\		
\11	1	5	3	2	\16	7	9	3\4	3	1		
\28	5	9	6	8	23\20	1	5	2	9	3	19\	7\
	14\	34\19	1	9	6	3	\16	1	6	4	3	2
\16	7	9	29\16	7	9	6\	14\	\16	8	2	5	1
\21	4	8	9	7\22	8	5	9		33\	9\12	8	4
\12	1	4	5	2	20\4	1	3	10\15	8	5	2	
\30	2	7	8	4	9	16\17	2	4	7	3	1	
	\31	6	7	1	8	9	7\7	2	4	1		
	12\	19\	14\	\18	3	7	2	1	5	18\	10\	
\23	8	9	6			15\25	4	3	9	7	2	16\
\7	4	2	1	18\	28\4	3	1		\24	8	7	9
	\31	8	7	2	9	5	6\	22\	\11	3	1	7
			7\29	5	6	7	2	9	20\	17\	34\	
		29\11	2	1	8	21\33	4	8	9	5	7	11\
	\19	6	1	3	5	4	4\15	5	3	1	4	2
	21\20	9	4	7	\9	8	1	22\18	8	3	6	1
\16	9	7	11\	10\	\20	9	3	8	17\20	8	9	3
\11	5	3	2	1	3\		19\15	9	6	19\13	8	5
\17	7	4	1	3	2	3\19	9	5	1	4	7\	9\
		\17	3	4	1	2	7	\12	3	6	2	1
		\7	5	2	\4	1	3	\29	7	9	5	8

127

128

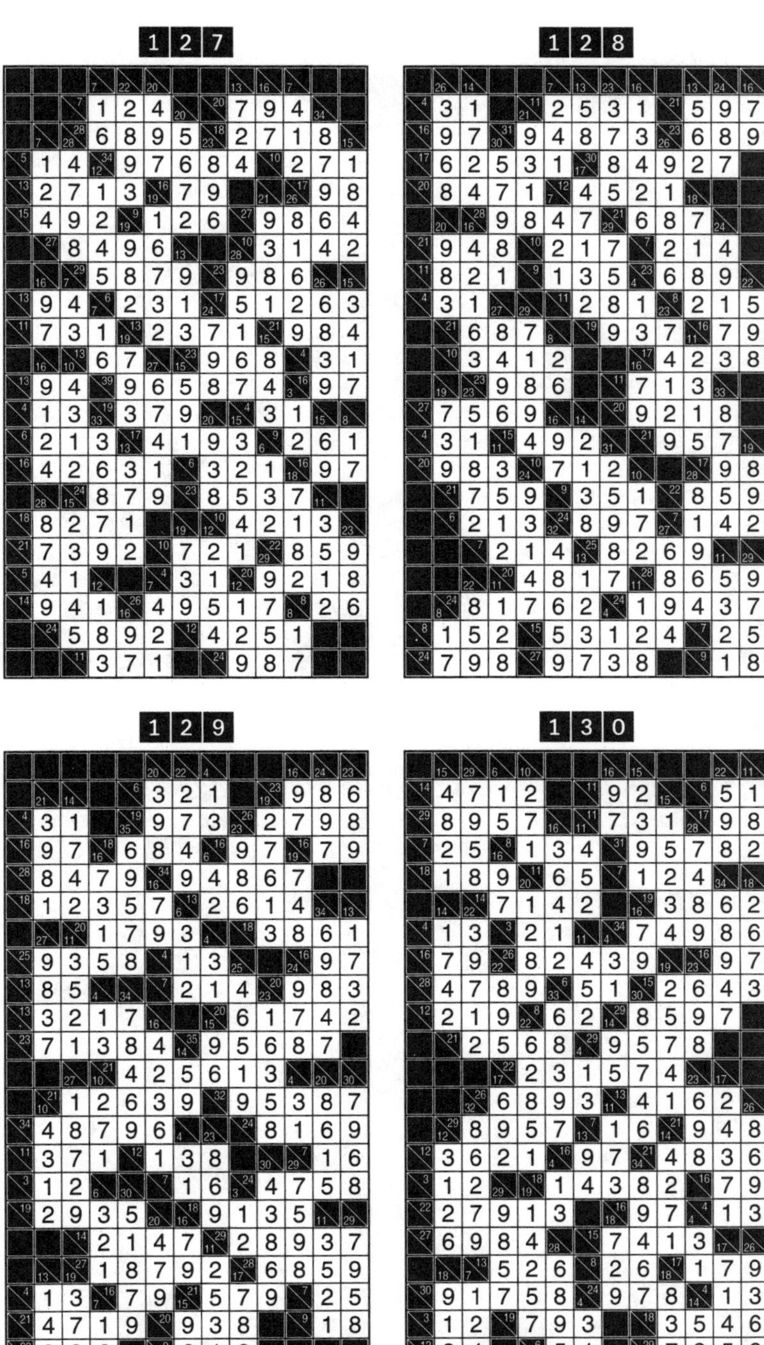

129

130

131

132

	12\	11\	16\	27\			9\	4\	15\	30\		
\20	1	3	9	7		24\12	2	1	4	5		
\14	2	1	7	4	16\33	9	6	3	7	8		
\16	9	7	7\24	6	9	8	1	15\3	1	2	30\	
	19\	31\14	2	1	7	4	4\15	1	3	9	2	16\
\29	7	8	5	9	\7	2	1	4	29\15	6	8	1
\4	1	3	16\		\11	1	3	2	5	23\16	9	7
\7	2	4	1	23\			\30	8	9	6	4	3
\28	9	7	4	8	20\			31\29	8	9	7	5
	\21	9	2	6	4		13\21	9	4	8	3\	16\
	14\	16\22	6	9	7	4\15	7	5	3	15\10	1	9
\16	6	7	3	26\12	1	3	6	2	15\10	1	2	7
\17	8	9	21\7	4	2	1	\10	7	1	2	18\	
	18\	17\23	9	8	6		\25	8	9	5	3	24\
\11	1	2	5	3	29\			\16	5	3	2	6
\33	6	3	7	9	8	4\	30\		\7	4	1	2
\4	3	1	34\12	2	5	1	4		23\	13\16	7	9
\23	8	6	9	11\19	9	3	7	4\29	9	8	5	7
	\21	5	6	3	7	10\11	2	1	3	5	15\	11\
		\13	8	5	16\26	6	9	3	8	13\16	9	7
		\28	7	1	9	3	8	\15	2	8	4	1
		\14	4	2	7	1		\11	1	5	2	3

133

	24\	14\					10\	19\	6\	14\		
\8	7	1				\29	7	9	5	8	17\	
\17	9	8	17\	20\		14\16	2	4	1	6	3	23\
\27	8	3	9	7	16\15	8	1	6	12\	20\16	7	9
	\21	2	8	1	4	6		23\13	2	4	1	6
		32\	7\15	9	6	14\	\34	9	4	7	6	8
	11\19	8	2	3	1	5	20\18	8	1	9	21\	4\
\13	2	7	4	\31	3	8	9	6	5	24\4	1	3
\9	3	5	1	\6	2	1	3	7\	13\7	2	4	1
\4	1	3	29\	11\		\27	8	2	1	9	7	
\24	5	9	8	2			\29	5	7	8	9	
		11\14	9	5	12\			\3	2	1	17\	19\
	\14	2	1	3	8	16\		\13	3	4	1	5
	12\16	3	6	1	4	2	10\	18\		23\13	6	7
\10	4	1	5	18\	16\23	9	6	8	\10	6	3	1
\13	8	5	10\15	1	4	5	3	2	26\16	8	2	6
	23\	23\23	6	8	9	\27	1	4	8	9	5	
\16	6	4	1	2	3		4\3	1	2	15\	14\	
\27	8	9	3	7	15\	22\22	1	3	7	9	2	19\
\16	9	7	4\	16\19	7	9	3	\25	9	6	3	7
	\18	3	1	7	2	5				\17	8	9
		\26	3	9	6	8				\4	1	3

134

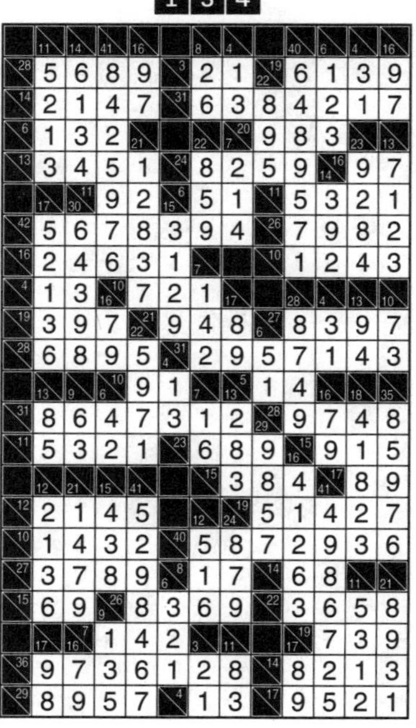

135

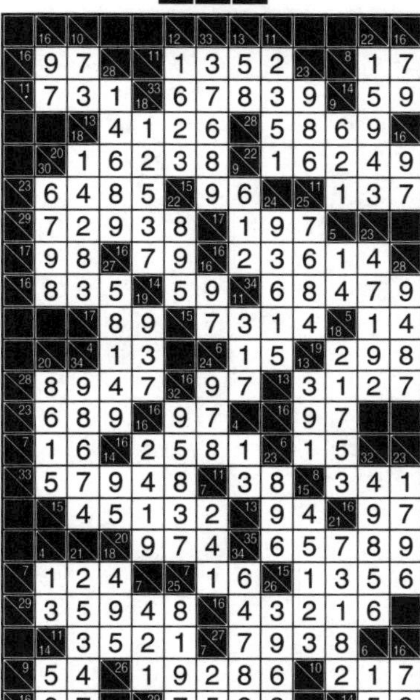

136

	19\	29\						27\	10\	4\	16\	
\16	9	7	16\				11\26	8	6	3	9	
\8	2	5	1	11\		\19	2	6	3	1	7	
\23	8	9	4	2		31\13	3	9	1	15\	4\	12\
	\11	8	2	1	11\16	7	5	4	4\6	2	1	3
		16\15	3	5	2	4	1	27\19	1	6	3	9
	26\27	4	6	3	5	9	19\15	8	3	4	11\	6\
\12	9	3		\11	1	5	2	3	16\9	3	1	5
\3	2	1	33\	\28	3	6	8	9	2	33\4	3	1
\15	7	2	6	34\	16\	\35	9	7	6	8	5	
\33	8	6	3	9	7			6\8	1	5	2	
		19\23	8	6	9		\8	1	3	4	35\	14\
	\23	6	9	8	12\	21\	\26	5	4	7	8	2
	6\24	1	7	4	3	9	31\	11\	\20	9	7	4
\5	1	4	13\32	7	6	8	9	2		\6	5	1
\17	5	8	4	12\16	2	4	7	3	11\	17\16	9	7
	11\	16\6	2	3	1	15\22	8	5	1	2	6	
\20	3	7	1	9	25\15	3	5	1	2	4	28\	
\23	8	9	6	9\12	9	1	2	\21	5	7	9	17\
		4\	16\11	1	6	4		\19	3	1	8	7
	\32	3	9	5	8	7			\19	3	7	9
	\13	1	7	3	2					\5	4	1

137

	26\	21\	17\	7\	28\		6\	21\				
\34	6	7	9	4	8	\5	1	4	16\			
\24	9	4	8	2	1	\20	3	9	8		22\	7\
\4	3	1	25\4	1	3	39\13	2	8	3	37\12	8	4
\23	8	9	6	23\16	9	7	25\	9\22	5	7	9	1
		\33	2	8	7	6	9	1	15\11	4	5	2
	25\	14\16	7	9	\35	8	7	6	5	9	16\	
\27	8	4	9	6	7\23	5	1	2	3	8	4	11\
\8	5	2	1	4\14	2	4	8	13\12	2	6	1	3
\4	3	1	\14	1	4	9	3\19	9	4	3	2	1
\16	9	7	\4	3	1	5\7	2	4	1	\16	9	7
	16\	10\		33\	3\4	3	1	9\	16\		14\	29\
\13	9	4	39\9	6	1	2	32\13	4	9	\13	5	8
\28	6	3	8	9	2	21\10	1	2	7	32\7	2	5
\14	1	2	4	7	7\9	1	5	3	7\23	8	6	9
	\26	1	6	3	2	5	9	\15	2	5	1	7
	12\	7\33	5	8	4	9	7	19\4	1	3		
\21	8	4	9	10\31	1	6	8	5	4	7	28\	14\
\13	1	2	7	3	11\	19\3	2	1	7\19	9	8	2
\4	3	1	\10	1	2	7	\12	8	4	16\16	9	7
			\23	6	8	9	\22	2	1	9	6	4
				\4	1	3	\18	3	2	7	5	1

138

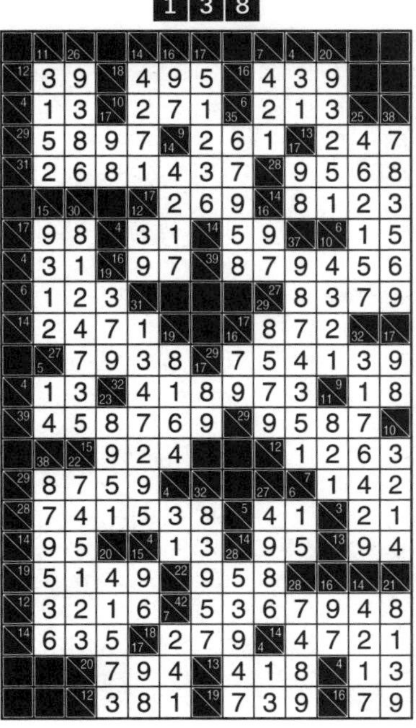

139

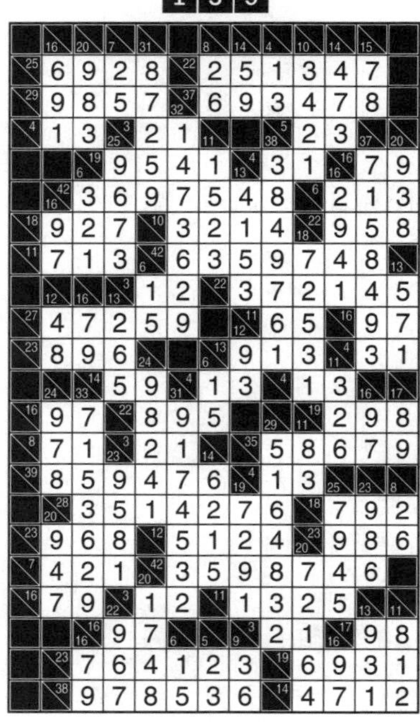

140

141

142

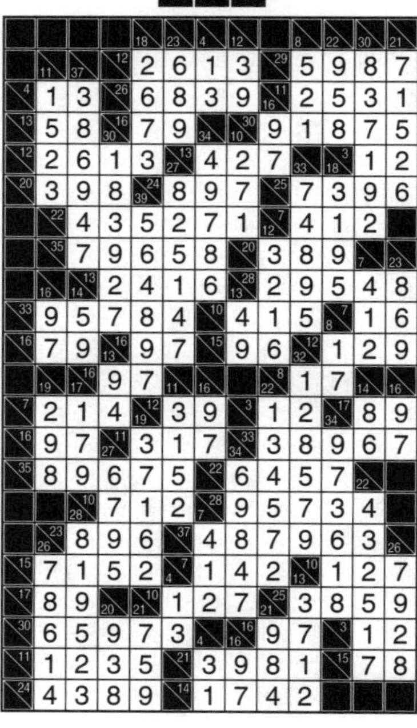

143

144

145

146

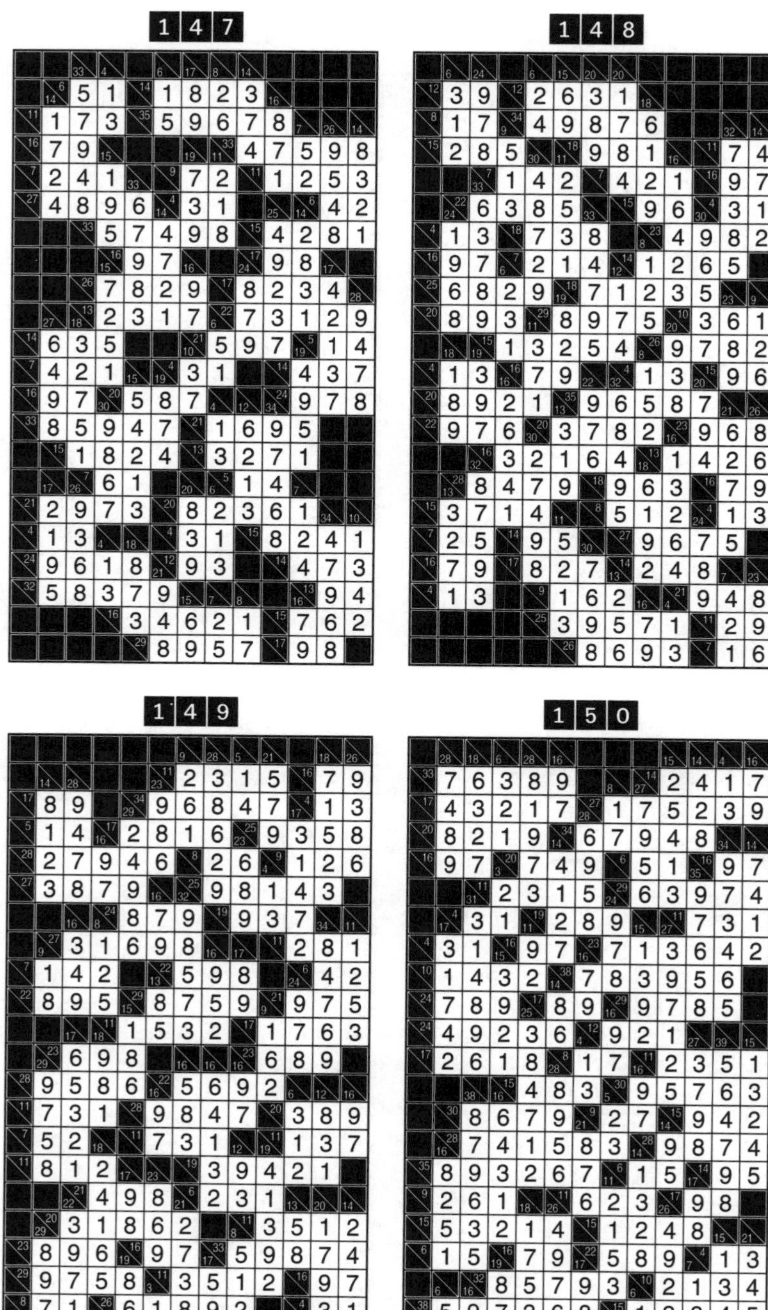
147
148
149
150

UNIQUE SUMS

The secret to solving kakuro puzzles is learning how to use unique sums—those special situations where only a single combination of numbers can fit into a sum of a given length. Whenever kakuro solvers spot a unique sum, they immediately know which numbers are going to be used in that sum; all they have to worry about is the order. The table below shows all the possible unique sums that can occur in a kakuro puzzle.

Sum	Squares	Combination
3	2	1 + 2
4	2	1 + 3
16	2	7 + 9
17	2	8 + 9
6	3	1 + 2 + 3
7	3	1 + 2 + 4
23	3	6 + 8 + 9
24	3	7 + 8 + 9
10	4	1 + 2 + 3 + 4
11	4	1 + 2 + 3 + 5
29	4	5 + 7 + 8 + 9
30	4	6 + 7 + 8 + 9
15	5	1 + 2 + 3 + 4 + 5
16	5	1 + 2 + 3 + 4 + 6
34	5	4 + 6 + 7 + 8 + 9
35	5	5 + 6 + 7 + 8 + 9
21	6	1 + 2 + 3 + 4 + 5 + 6
22	6	1 + 2 + 3 + 4 + 5 + 7
38	6	3 + 5 + 6 + 7 + 8 + 9
39	6	4 + 5 + 6 + 7 + 8 + 9
28	7	1 + 2 + 3 + 4 + 5 + 6 + 7
29	7	1 + 2 + 3 + 4 + 5 + 6 + 8
41	7	2 + 4 + 5 + 6 + 7 + 8 + 9
42	7	3 + 4 + 5 + 6 + 7 + 8 + 9
36	8	1 + 2 + 3 + 4 + 5 + 6 + 7 + 8
37	8	1 + 2 + 3 + 4 + 5 + 6 + 7 + 9
38	8	1 + 2 + 3 + 4 + 5 + 6 + 8 + 9
39	8	1 + 2 + 3 + 4 + 5 + 7 + 8 + 9
40	8	1 + 2 + 3 + 4 + 6 + 7 + 8 + 9
41	8	1 + 2 + 3 + 5 + 6 + 7 + 8 + 9
42	8	1 + 2 + 4 + 5 + 6 + 7 + 8 + 9
43	8	1 + 3 + 4 + 5 + 6 + 7 + 8 + 9
44	8	2 + 3 + 4 + 5 + 6 + 7 + 8 + 9
45	9	1 + 2 + 3 + 4 + 5 + 6 + 7 + 8 + 9